もうひとつの場所

絵 清川あさみ

リトルモア

かつて地球のどこかで　生きていた者たち
今もどこかで生きている　とても珍しい生き物たち
ちいさいちいさい命　おっきな命
いま　守りたい　いのち
この本は　実在した　信じられない生き物の命の形跡なのです
そんな生き物たちが住む　もうひとつの場所に　みなさんをご案内します

清川あさみ

モアの汽車ポッポ

かつてニュージーランドには、世界で一番大きな鳥がすんでいました。頭までの高さ約3.6メートル、体重およそ250キロ。「まぼろしの巨鳥」ともよばれたジャイアントモアは、翼を持たない、空を飛べない鳥です。でも、足の速さだったら、誰にも負けません。太くて、長くて、たくましい足で、大地を自由にかけまわっていました。

1000年ほど前まで、ニュージーランドは人のいない島でした。ジャイアントモアが姿を消したのは、人による狩猟がおもな原因だといわれています。そして、ジャイアントモアがいなくなったことによって、天敵だったハーストイーグルもまたいなくなってしまったのです。

01 バスタード・クィヴァー・ツリー　Aloe pillansii / 危惧種 / アフリカ南部 / 高さ10m
02 ヒレオトリバネアゲハ　Ornithoptera meridionalis / 危惧種 / アジア南部からオーストラリア / 翅開張12-14cm
03 ハーストイーグル　Harpagornis moorei / 1500年頃絶滅 / ニュージーランド / 翼開張250cm
04 ラボ・デ・ラポサ　Micranthocereus auriazureus / 危惧種 / ブラジル / 高さ45-60cm
05 ジャイアントモア　Dinornis maximus / 17世紀絶滅 / ニュージーランド / 頭長高3.6m
06 エピオルニス　Aepyornis / 16世紀絶滅 / マダガスカル島 / 頭長高3m
07 エレファントモア　Pachyornis elephantopus / 13世紀絶滅 / ニュージーランド / 頭長高2.2m
08 オオアシモア　Euryapteryx geranoides / 13世紀絶滅 / ニュージーランド / 頭長高1.7m

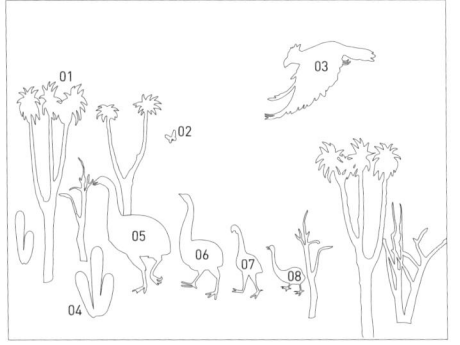

ドードー鳥とその仲間たち

『不思議の国のアリス』にも登場し、アリスの濡れた服をかわかすために「堂々めぐり」のおいかけっこをするドードー。この飛べない鳥は物語のなかだけの想像のいきものではなく、じっさいに17世紀の後半までインド洋のモーリシャス島にすんでいました。

英語のスラングで「のろま」を意味するドードーは、その名のとおり動作がとてものんびりしています。しかも、人を恐れることもなかったので、かんたんに捕まえることができました。そのため、発見されてからわずか100年ほどで、1羽もいなくなってしまったのです。

01 アンダマンオナガタイマイ　Graphium epaminondas / 危惧種 / インドのアンダマン諸島 / 後翅長10cm
02 アポタイマイ　Graphium sandawanum / 危惧種 / フィリピンのミンダナオ島 / 翅開張65mm
03 パンケーキガメ　Malacochersus tornier / 危惧種 / アフリカ東部 / 甲長15-18cm
04 カラグールガメ　Callagur borneoensis / 危惧種 / タイ南部、マレーシア、スマトラ島、ボルネオ島 / 甲長76cm
05 ドードー　Raphus cucullatus / 1681年絶滅 / インド洋モーリシャス島 / 全長1m
06 フクロオオカミ　Thylacinus cynocephalus / 1936年絶滅 / タスマニア島、オーストラリア、ニューギニア / 体長100-130cm
07 ディプロカウルス　Diplocaulus salamandroides / 古生代ペルム紀前期に生息 / 北米 / 全長60cm
08 スマトラオオコンニャク　Amorphophallus titanium / 普通種 / スマトラ島 / 高さ3m
09 グリプトドン　Glyptodon / 新生代第四紀に生息 / 北米、南米 / 体長3m

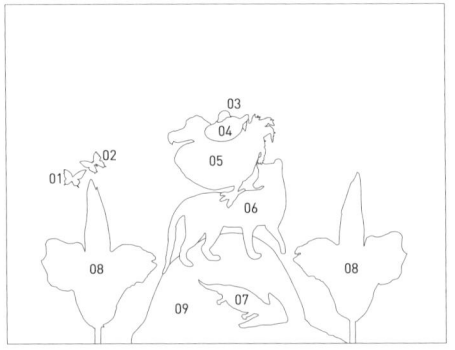

楽園

地球が誕生してから約46億年のあいだに、いったいどれくらいの種類のいきものが生まれ、そして姿を消していったのでしょうか。

アナンクスは、かつてユーラシアの森林地帯にすんでいた古代ゾウです。いまのゾウとほとんど変わらない姿をしていましたが、もっともことなるのは、3メートルにおよぶ真っ直ぐな象牙をもっていたことでした。「カーブしない」という意味の名前は、ここからつけられたものです。どうして、こんなに牙を長くする必要があったのかはわかりませんが、この長い牙を伸ばして、好物のおいしそうな木の葉を探していたのかもしれません。

01 ニジキジ　Lophophorus impeyanus / 危惧種 / インド、チベット、ネパール / 全長60-70cm
02 オウギバト　Goura victoria / 危惧種 / インドネシア、パプアニューギニア / 全長66cm
03 アナンクス　Anancus / 新生代中新世後期から更新世前期にかけて生息 / アジア、ヨーロッパ / 体長4m
04 オランウータン　Pongo pygmaeus / 危惧種 / スマトラ島、ボルネオ島 / 身長オス1.4m、メス1.1m
05 エリマキキツネザル　Varecia variegata / 危惧種 / マダガスカル島 / 体長58-65cm
06 アカコンゴウインコ　Ara macao / 危惧種 / 中米、ブラジル / 全長75-95cm
07 シオマネキ　Uca arcuata / 危惧種 / 静岡以西の太平洋岸、四国、九州、南西諸島、台湾、朝鮮、中国 / 甲幅10-30mm
08 マウイヘスペロマニア　Hesperomannia arbuscula / 危惧種 / ハワイ諸島 / 高さ3m
09 アンデスフラミンゴ　Phoenicoparrus andinus / 危惧種 / アンデス山脈の高地 / 全長70-120cm
10 オヒアレフア　Metrosideros polymorpha / 普通種 / ハワイ諸島 / 高さ25m
11 オジロニジキジ　Lophophorus sclateri / 危惧種 / 中国南西部、インド北東部、ミャンマー北東部 / 全長オス68cm、メス63cm
12 ハイイロコクジャク　Polyplectron bicalcaratum / 危惧種 / 中国、インドから東南アジア / 全長50cm

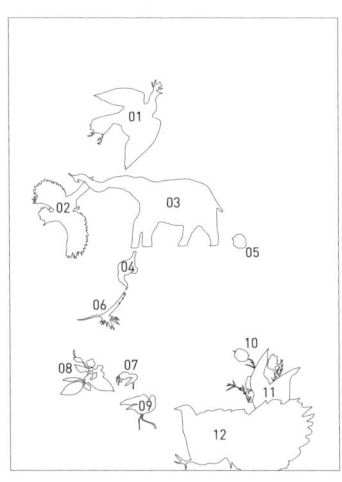

悲しきりょこうばと

リョコウバトは、その名のとおり渡りをするハトの仲間で、雄はとても美しい羽を持っています。全盛期にはアメリカにおよそ50億羽もいて、世界でもっとも数の多い陸の野鳥といわれていました。

鳥類研究家のオーデュボンは1838年の日記に、リョコウバトの群れが3日間途切れることなく飛びつづけ、太陽の光もさえぎられ、空一面が暗くなったと記しています。

しかし、それから100年もたたないうちに、リョコウバトは絶滅しました。あのとき、空を覆う無数の鳥の群れを目にした人びとは、まさか1羽もいなくなってしまうとは想像もしなかったことでしょう。

01 リョコウバト　Ectopistes migratorius / 1914年絶滅 / 北米大陸東岸 / 全長40cm

アンモナイト

日本では別名「菊石」ともよばれ、エジプトの太陽神アモンの角笛という意味をもつアンモナイト。その見た目からは貝類に思われますが、じつはタコやイカの仲間の軟体動物で、現存する動物ではオウムガイにもっとも近いといわれています。およそ4億年前に誕生し、白亜紀末の6500万年前に恐竜とともに絶滅するまでの3億5000万年ものあいだ、世界中の海にすんでいました。
アンモナイトの化石のなかに眠る、はるか遠い昔の海の記憶。サディスティック・ミカバンドの「タイムマシンにおねがい」では、「アンモナイトはおひるね」と歌われていますが、いったいなんの夢をみていたのでしょうか。

01 アンモナイト　Ammonoidea / 古生代シルル紀末期から中生代白亜紀末にかけて生息 / 世界中の海 / 1cm-1m

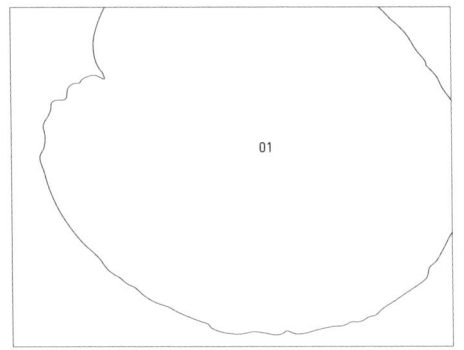

夜の海底

メガロドンは、いまから2500万年から600万年前に世界中の海にいた巨大なサメです。日本ではムカシホホジロザメとよばれ、体長は10〜16メートル、重さはおよそ40トンもあったと考えられています。絶滅の理由はさだかではありませんが、気候の変化が影響したという説があります。かつて、メガロドンの歯の化石は、日本では「天狗の爪」、ヨーロッパでは「竜の舌」、あるいは「石になった雷」だと思われていました。巨大なサメの歯だとわかったのは、17世紀に入ってから。ニコラス・ステノというお医者さんが、マルタ島で発掘された「竜の舌」とサメの歯が似ていることを指摘したのがきっかけでした。

01 オドベノケトプス　Odobenocetops peruvianus / 新生代新第三紀に生息 / ペルーの海 / 全長2.1m
02 ウミサソリ　Eurypterida / 古生代オルドヴィス紀からペルム紀にかけて生息 / 北米、ヨーロッパ / 体長5-10cm
03 三葉虫　Trilobite / 古生代カンブリア紀からペルム紀にかけて生息 / 世界中の海 / 体長1-8cm
04 メガロドン　Carcharodon megalodon / 新生代中新世から更新世にかけて生息 / 世界中の海 / 全長10-16m
05 カリブモンクアザラシ　Monachus tropicalis / 1950年頃絶滅 / カリブ海 / 体長2.8m

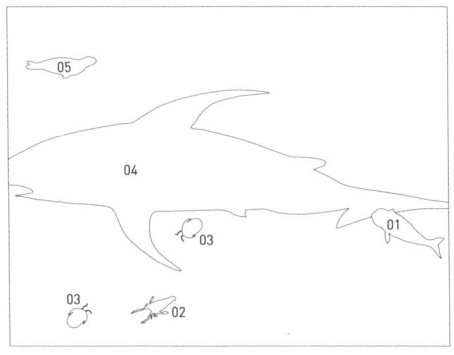

チョウザメの滝

チョウザメは、およそ3億年も前から姿がほとんど変わらない、「生きた化石」とよばれる古代魚です。ウロコの部分の模様が蝶のように見えることと、その姿がサメに似ていることから「チョウザメ」と名づけられましたが、じっさいはサメではありません。サメは軟骨魚、チョウザメは硬骨魚に分類され、ちがう種類の魚なのです。

日本では、北海道や東北の沿岸で見られることがあり、石狩川、釧路川などに遡上していたといいます。明治時代には、ロシア人がキャビアをとるために石狩川沿いでチョウザメ漁をしていたこともあったそうですが、昭和初期にはほとんど見られなくなってしまいました。

01　アラビアオリックス　Oryx leucoryx / 危惧種 / アラビア半島 / 体長1.6-1.8m
02　ガラパゴスペンギン　Spheniscus mendiculus / 危惧種 / ガラパゴス諸島 / 全長48-53cm
03　ニホンアシカ　Zalophus japonicus / 1975年絶滅 / 日本沿岸とその周辺 / 体長オス2.3-2.5m、メス1.8m
04　トド　Eumetopias jubatus / 危惧種 / 東部太平洋 / 体長オス3.2-4m、メス2.3-3m
05　チョウザメ　Acipenser medirostris / 危惧種 / 北半球の温帯から寒帯 / 体長1-3m
06　ヨウスコウカワイルカ　Lipotes vexillifer / 危惧種 / 中国の長江（揚子江）/ 体長オス2.3m、メス2.5m
07　シロイルカ　Delphinapterus leucas / 危惧種 / 北極圏 / 全長オス5.5m、メス4m

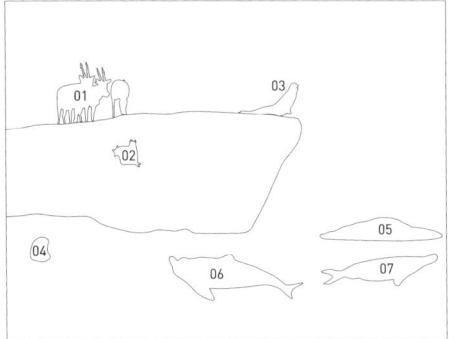

ステラーカイギュウ

長さ7.5メートル、重さ4トンもあるおおきな海牛。このいきものを見つけた博物学者ステラーにちなんで名づけられたステラーカイギュウは、発見からわずか27年で地球から姿を消してしまいます。肉や毛皮を目的とした乱獲がもっとも大きな原因ですが、そのほかにも彼らのやさしい性格がわざわいしました。

ステラーカイギュウには、仲間が殺されると助けるために集まる習性があって、それがハンターたちにとっては好都合だったのです。ステラーカイギュウのオスたちは、メスが殺されると死体を囲むように集まり、つき刺さったモリやからみついたロープを外そうとしたといいます。

01 ステラーカイギュウ　Hydrodamalis gigas / 1768年絶滅 / ベーリング海 / 体長7.5-9m

エンペラータマリンの箱

まるで仙人のような、長くて、立派な白いヒゲ。エンペラータマリンは、名前は「皇帝」ですが、メスが出産すると、生後7〜11日のあいだはオスが赤ちゃんの世話をします。果物が主食で、おやつとして花の蜜や小動物なども口にします。日本でも、上野動物園などで見ることができますが、数が減ってしまうことが心配されています。

シュルレアリスムの影響を受けたアメリカの芸術家ジョゼフ・コーネルは、手づくりの箱に自分の好きなものだけを集めてコラージュした美しい作品を数多くつくりました。失われてしまったものたちも、箱のなかのユートピアでは永遠に生きつづけているのです。

01 シシンラン　Lysionotus pauciflorus / 危惧種 / 本州南西部、四国、九州、奄美大島、台湾、中国南部 / 草丈20-50cm
02 マルバミゾカクシ　Lobelia zeylanica / 危惧種 / 与那国島、台湾、中国南部、インド、マレーシア、ミクロネシア / 草丈20-90cm
03 エンペラータマリン　Saguinus imperator / 危惧種 / ペルー南東部、ボリビア北西部、ブラジル北西部 / 体長23-25.5cm
04 オグロフクロネコ　Dasyurus geoffroii / 危惧種 / 西オーストラリア州 / 体長31-40cm
05 ウォレマイパイン　Wollemia nobilis / 危惧種 / オーストラリア / 高さ25-40m
06 オカピ　Okapia johnstoni / 危惧種 / 中央アフリカ / 体長1.9-2.5m
07 シリアノロバ　Equus hemionus hemippus / 1927年絶滅 / シリア、サウジアラビア、イラクの砂漠地帯 / 肩高90cm
08 プリスティチャンプサス　Pristichampsus / 新生代第三紀前期に生息 / 北米、ヨーロッパ / 全長3m
09 カササギガモ　Camptorhynchus labradorius / 1878年絶滅 / 北米北東部、カナダ東部 / 全長22cm

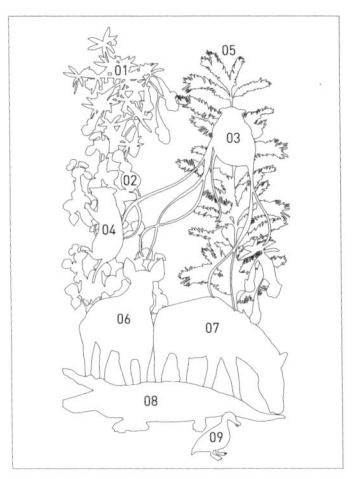

ワオキツネザルの夕日

長くて、ふさふさした、シマシマのしっぽ。ワオキツネザルの「ワオ」は、尾に白と黒の輪をかさねたような模様があるところから、こう名づけられました。体よりも長いしっぽを立てて歩く姿や、両手を左右にひろげ、白いおなかをおひさまにむけて日光浴をする姿は、とてもかわいらしくてユーモラスです。

すんでいるのはアフリカのマダガスカル島。日本の動物園でもおなじみですが、野生のワオキツネザルはマダガスカル島でしか見ることができません。しかし、この南の孤島も人による開発が進み、彼らが好む乾燥した疎林地帯が少なくなってしまったため、その数は年々減っています。

01 オキナワキノボリトカゲ　Japalura polygonata polygonata / 危惧種 / 沖縄、奄美群島 / 全長200mm
02 ベローシファカ　Propithecus verreauxi / 危惧種 / マダガスカル島 / 体長39-50cm
03 ワオキツネザル　Lemur catta / 危惧種 / マダガスカル島 / 体長39-46cm
04 ジャクソンカメレオン　Chamaeleo jacksonii / 危惧種 / ケニア、タンザニア、ハワイ諸島（帰化）/ 全長38cm

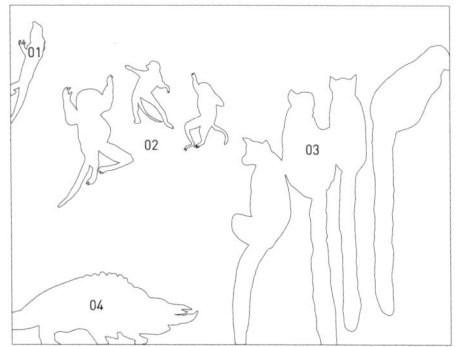

ミツスイ科と黄色い羽根

あざやかな黄色と黒の羽根と長い尾。ミツスイの仲間のなかでもっとも美しい鳥といわれるムネフサハワイミツスイは、その独特な鳴き声から「オーオー鳥」ともよばれます。美しい羽毛はハワイ王族の礼服や王冠の飾りにも使われ、あの有名なクック船長も記念に持ち帰りました。
ムネフサハワイミツスイの数が急激に減りはじめたのは、ハワイの人たちの間で黄色と黒のケープが流行し、それを観光客がおみやげとして買うようになったからでした。また、急速に都市開発が進み、大好物の花の蜜が減ったこともわざわいして、1930年代のはじめ頃には、この美しい鳥は1羽もいなくなってしまったのです。

01 ワキフサミツスイ　Moho apicalis / 1837年以降絶滅 / ハワイ諸島 / 20-30cm
02 ムネフサハワイミツスイ　Moho nobilis / 1934年絶滅 / ハワイ諸島 / 全長32cm
03 セスバニア・トメントサ　Sesbania tomentosa / 危惧種 / ハワイ諸島 / 高さ6m

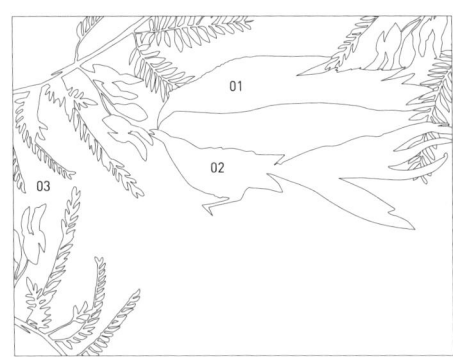

獣たち

詩人で画家のウィリアム・ブレイクは、「死を知らざる者のいかなる手が、眼が、お前の畏るべき均整を造りえたのであるか？」と、神がかった虎の美しさを称えました。シェイクスピアの四大悲劇のひとつ『ハムレット』にも登場するカスピトラは、とても美しい縞模様をもつ大型のトラでした。カスピ海沿岸の低地林や湿地帯にすみ、地元の人たちとも平和に暮らしていたといいます。しかし、毛皮が高く売れることや、骨が薬や精力剤になることがわかると、人々はきそってカスピトラの狩りに出かけました。そして、1958年を最後に、二度とその美しい姿を目にすることはできなくなってしまいました。

01 カスピトラ　Panthera tigris virgata / 1970年代（野生では1958年）絶滅 / 中央アジア / 全長オス325cm（皮）、メス260cm（皮）
02 ウンピョウ　Neofelis nebulosa / 危惧種 / 東アジア、東南アジア、南アジア / 体長60-110cm
03 スペインオオヤマネコ　Felis lynx pardina / 危惧種 / ヨーロッパ南西部 / 体長85-110cm
04 レオポン　Panthera pardus × Panthera leo / ヒョウの父親とライオンの母親からの一代雑種 / 体長1.5-2m
05 アリゾナジャガー　Panthera onca arizonensis / 1905年絶滅 / 合衆国・アリゾナ / 体長2.5m

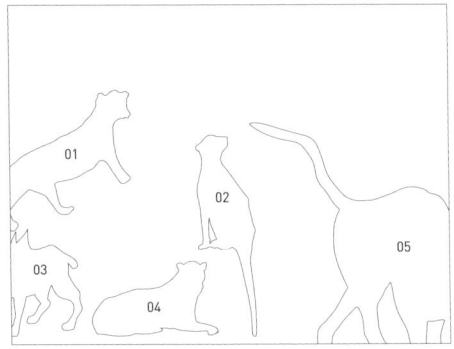

巨大蛇の夏

2009年、南米コロンビアで史上最大のヘビの化石が見つかりました。「路線バスよりも大きく、自動車よりも重いヘビだ！」。化石を発掘した研究者は、興奮して語ったそうです。「巨大蛇」という意味のティタノボアと名づけられたこのヘビの全長は約13メートル、重さは1トン以上。アナコンダのように1日のほとんどを水中ですごし、ワニや大きな魚を食べていたと考えられています。
ティタノボアが生きていたおよそ6000万年前、アマゾンの熱帯地方は、いまよりも気温が3度から4度も高かったといわれています。巨大蛇のぬめぬめと光る大きな鱗には、どんな景色が映っていたのでしょうか。

01 アフリカゾウ　Loxodonta africana／危惧種／サハラ砂漠以南のアフリカ／体長6-7.5m
02 スマトラトラ　Panthera tigris sumatrae／危惧種／インドネシアのスマトラ島／全長オス2.2-2.7m、メス2-2.3m
03 フタコブラクダ　Camelus ferus／危惧種／中国北西部、モンゴル／体長2.2-3.5m
04 スマトラサイ　Dicerorhinus sumatrensis／危惧種／マレーシア、ミャンマー、スマトラ島、ボルネオ島／体長2.4-3.2m
05 コビトカバ　Choeropsis liberiensis／危惧種／西アフリカ／体長1.5-1.7m
06 ヒクイドリ　Casuarius casuarius／危惧種／インドネシア、オーストラリア北東部、ニューギニア／全長1.2-1.7m
07 ティタノボア（巨大蛇）　Titanoboa cerrejonensis／新生代第三紀前期に生息／コロンビア／全長13m

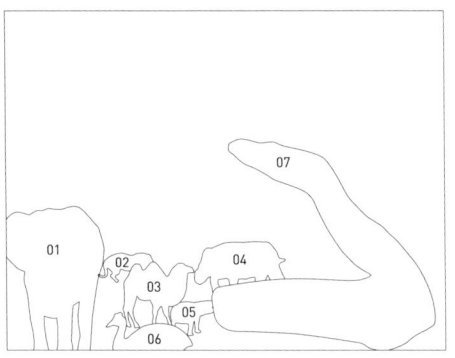

インコと花

この400年のあいだに、たくさんのインコが地球からいなくなりました。カロライナインコは、北アメリカにすむ唯一の野生のインコでした。オレンジ色と黄色の頭に、緑色の羽。とても美しい鳥ですが、果物が大好きだったため果樹園農家が被害にあい、人による大量捕獲がはじまります。カロライナインコが姿を消したのは、20世紀のはじめ。最後のカロライナインコは、シンシナティ動物園で飼育されていたインカスとレディ・ジェーンというつがいでした。まず、1917年の夏にレディ・ジェーンが亡くなり、ほんとうにひとりぼっちになってしまったインカスも、その翌年、後を追うように息をひきとりました。

01 アカズキンコンゴウインコ　Ara erythrocephala / 19世紀初頭絶滅 / ジャマイカ / 体長データは残っていない
02 アカオコンゴウインコ　Ara erythrura / 1907年にはすでに絶滅 / 西インド諸島のジャマイカ / 体長データは残っていない
03 カロライナインコ　Conuropsis carolinensis / 1904年絶滅 / 合衆国東部 / 全長35cm
04 ゴッスミイロコンゴウインコ　Ara gossei / 18世紀末絶滅 / ジャマイカ / 体長データは残っていない
05 ベニバナヤマシャクヤク　Paeonia obovata / 危惧種 / 北海道、本州、四国、九州 / 草丈40-50cm

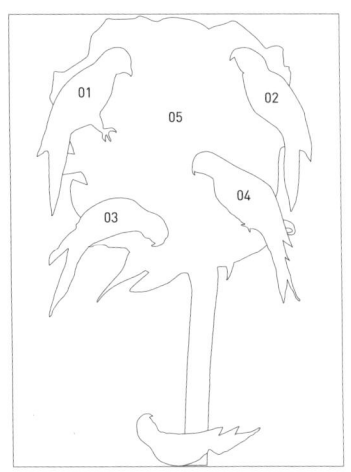

角のある住人たち

ビロードのような光沢がある青灰色の美しい毛皮。細かく枝わかれした短い筋のある、後ろにゆるくカーブした角。「青い鹿」という意味の名前をもつブルーバックは、見た目はシカに似ていますが、じっさいはウシの仲間で、アフリカ南部のケープ地方にすんでいました。しかし、ブルーバックの美しい毛皮はハンターたちのかっこうの標的となり、1800年に姿を消してしまいます。

かつて、南アフリカでは金やダイヤモンドがたくさんとれたため、人による開拓が早くから進められ、多くの動物たちがいなくなりました。その最初の犠牲となったのが、ブルーバックだったのです。

01 オーロックス　Bos primigenius / 17世紀絶滅 / アジア、ヨーロッパ、北アフリカ / 体長2.5-3.1m
02 ジャイアントバイソン　Bison latifrons / 新生代第四紀後期に生息 / 北米 / 体長4m
03 ブルーバック　Hippotragus leucophaeus / 1800年頃絶滅 / アフリカ南部 / 体長1.8-2m
04 ミイロコンゴウインコ　Ara tricolor / 1885年絶滅 / キューバ / 全長45-50cm
05 オオツノジカ　Megaloceros giganteus / 新生代第四紀後期に生息 / ヨーロッパ / 体長3m
06 ホオダレムクドリ　Heteralocha acutirostris / 1907年絶滅 / ニュージーランド北島の南端 / 全長50cm

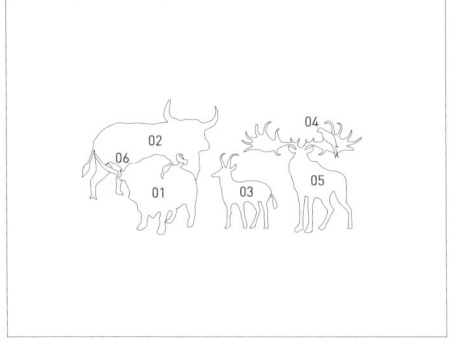

オオアリクイの親子

南米にすむオオアリクイは視力が弱く、歯が1本もありません。そのかわり、よくきく鼻でアリ塚を見つけ、細長い舌を巧みにつかって、1日に3万5000匹ものアリやシロアリをすくって飲みこみます。舌を出し入れする速度は、なんと1分間に最高160回。アリたちに攻撃されないように、大急ぎで食べるのです。また同じ場所で食べ物にありつくために、アリ塚を壊してしまうことはありません。
ちなみに、ピエール・クロソウスキーの『バフォメット』には「大蟻食」という人物が登場しますが、そのキャラクターを愛する作家の佐藤亜紀は、自身のウェブサイトで「大蟻食」と名乗っています。

01 オオアリクイ　Myrmecophaga tridactyla / 危惧種 / 中南米 / 体長100-120cm
02 アオキコンゴウインコ　Ara glaucogularis / 危惧種 / ボリビア北部 / 全長85cm
03 ゴールデンライオンタマリン　Leontopithecus rosalia / 危惧種 / ブラジルのリオデジャネイロ州 / 体長20-40cm
04 シロアリ　Termitidae / 普通種 / 熱帯から温帯まで幅広く生息 / 体長3-7mm
05 ヒカリコメツキムシ　Pyrophorus noctilucus / 普通種 / 中南米 / 体長オス30mm、メス35mm

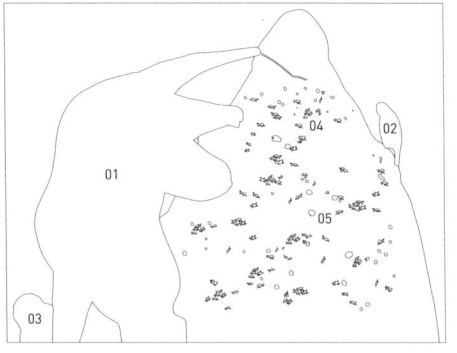

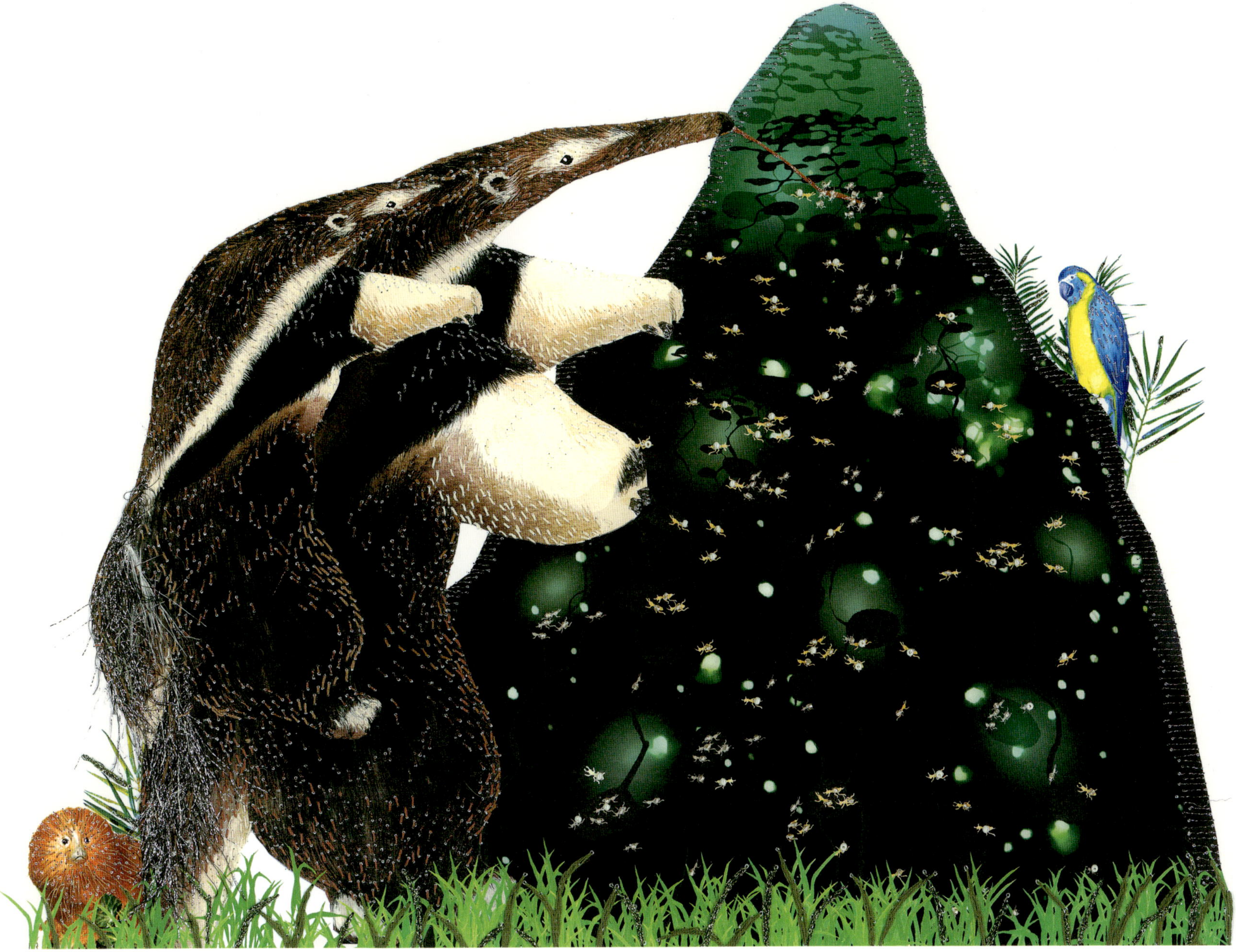

大きすぎるナマケモノ

ナマケモノの仲間であるメガテリウムは、全長6メートル、体重5トンにも達したことから、「地上最大のナマケモノ」とよばれます。ふつうのナマケモノは木の上で生活していますが、メガテリウムは地上性。つまり、地面で暮らしていました。体が大きすぎて、木には登れなかったのです。もっとも、たとえ登れたとしても、よほどの巨木でないかぎり、ひとたまりもなく折れてしまったことでしょう。そのかわり、高い枝の葉を食べるときは、地面に立ち上がって、長い舌でむしりとっていました。

約8000年前、メガテリウムは姿を消しました。「人類との遭遇」が、その原因のひとつだったとされています。

01 スミロドン　Smilodon / 新生代第四紀前期から後期にかけて生息 / 北米、南米 / 体長2m
02 メガテリウム（オオナマケモノ）　Megatherium / 新生代新第三紀から第四紀にかけて生息 / 南米、北米 / 全長6m
03 始祖鳥　Archaeopteryx / 中生代ジュラ紀後期に生息 / ドイツ / 全長50cm
04 ショウロ（松露）　Rhizopogon rubescens / 危惧種 / ユーラシア、北米 / 傘径4cm

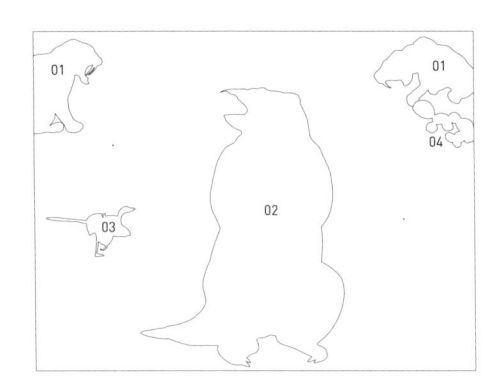

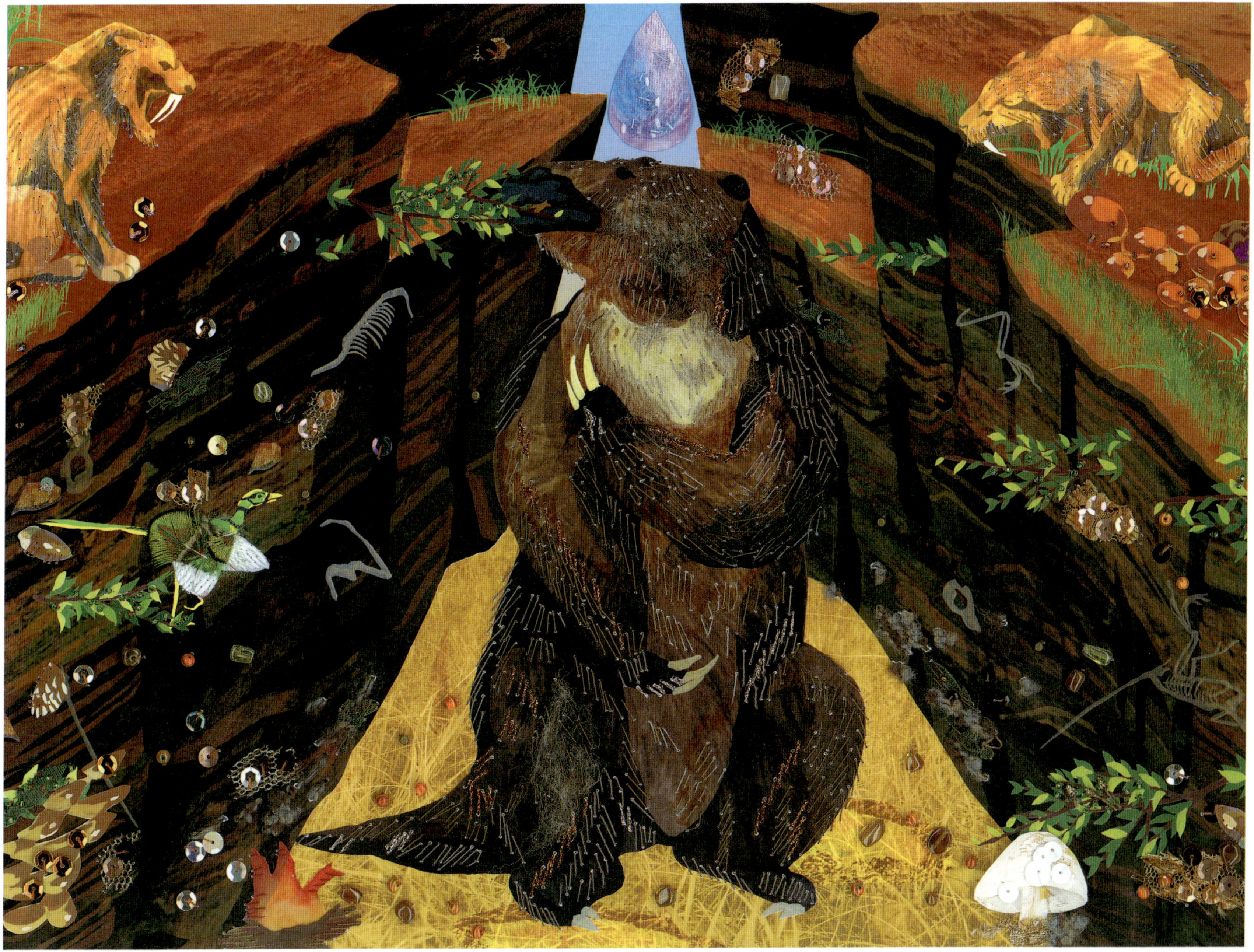

ヒースヘン

米国東部のニューイングランド地方にすむヒースヘンは、ライチョウの仲間です。オスの首の両側にはオレンジ色の袋がついていて、恋の季節になると、オスはメスの気をひくために袋を開いたり閉じたりして音をだし、その音にあわせるように華麗なダンスを踊りました。

どんぐりや果物を食べて平和に暮らしていたヒースヘンの運命は、ヨーロッパから白人がやってきたことで一変します。彼らは食料や狩りの楽しみのために、ヒースヘンを大量に撃ち殺したのです。後に保護活動も行われましたが、自然災害や鳥の伝染病が次々とヒースヘンをおそい、1932年3月11日、残された最後の1羽がこの世を去りました。

01 ヒースヘン（ニューイングランドソウゲンライチョウ）　Tympanuchus cupido cupido / 1932年絶滅 / 合衆国東部ニューイングランド地方 / 全長40cm

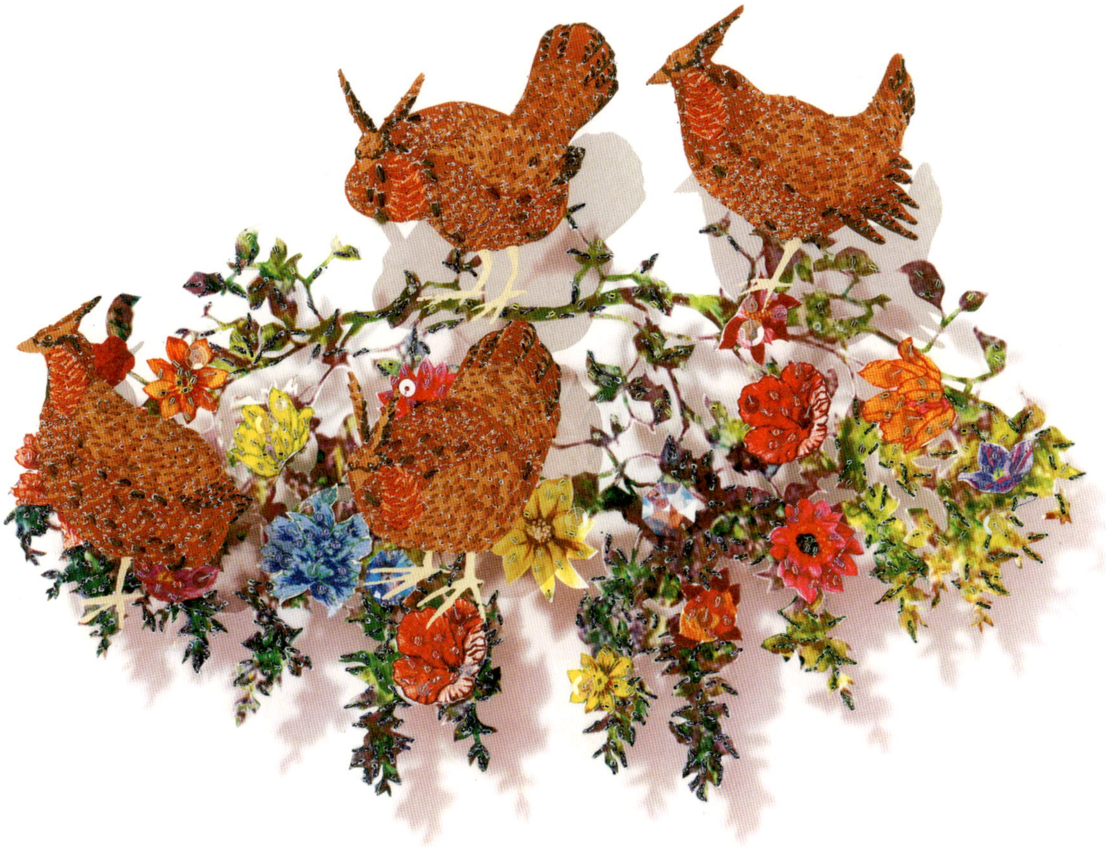

オーストラリアの夜明け

オーストラリアは、カンガルーやワラビーなど、有袋類の動物たちの宝庫として有名ですが、18世紀にクックがこの大陸を発見し、人が移りすむようになってからは、その数はしだいに減っています。

長い耳をもち、うずくまった姿がウサギのように見えるウサギワラビーも、以前はオーストラリアの南西部にたくさんすんでいましたが、1890年に姿を消しました。

森や草原が開拓されてすみかを追われ、さらに野生犬ディンゴや人が狩りをするために持ち込んだキツネの食料になってしまう。このようにして、オーストラリアにいた多くのカンガルーの仲間たちがいなくなってしまったのです。

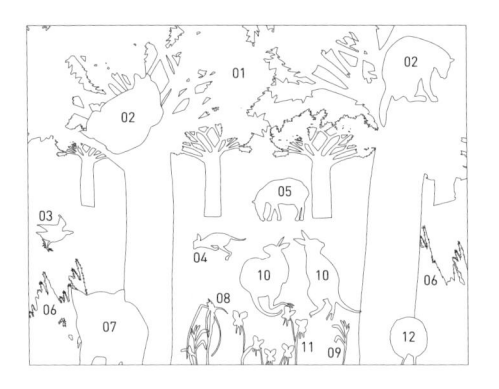

01 バオバブの木　Adansonia digitata / 普通種 / サバンナ地帯 / 高さ20m
02 アカキノボリカンガルー　Dendrolagus matschiei / 危惧種 / ニューギニア島東部、パプアニューギニアのウンボイ島 / 体長45.5-61.5cm
03 ロードハウセイケイ　Porphyrio albus / 1800年頃絶滅 / オーストラリア東方のロード・ハウ島 / 体長50cm
04 ブタアシバンディクート　Chaeropus ecaudatus / 1907年絶滅 / オーストラリア / 25-50cm
05 マレーバク　Tapirus indicus / 危惧種 / 東南アジア / 体長1.8-2.5m
06 バンクシア・エリキフォリア　Banksia ericifolia / 普通種 / オーストラリア南東部 / 高さ5m
07 タスマニアデビル　Sarcophilus harrisii / 危惧種 / タスマニア / 体長52-80cm
08 ジャイアント・スパイダー・オーキッド　Caladenia excelsa / 危惧種 / オーストラリア南西部 / 草丈30cm
09 カンガルー・ポー　Anigozanthos manglesii / 普通種 / オーストラリア西南部 / 草丈30-60cm
10 ウサギワラビー　Lagorchestes leporides / 1890年以降絶滅 / オーストラリア / 体長45-49cm
11 ドンキー・オーキッド　Diuris corymbosa / 普通種 / オーストラリア南部、タスマニア島北部 / 草丈20-30cm
12 キウイ　Apteryx australis / 危惧種 / ニュージーランド / 体長70cm

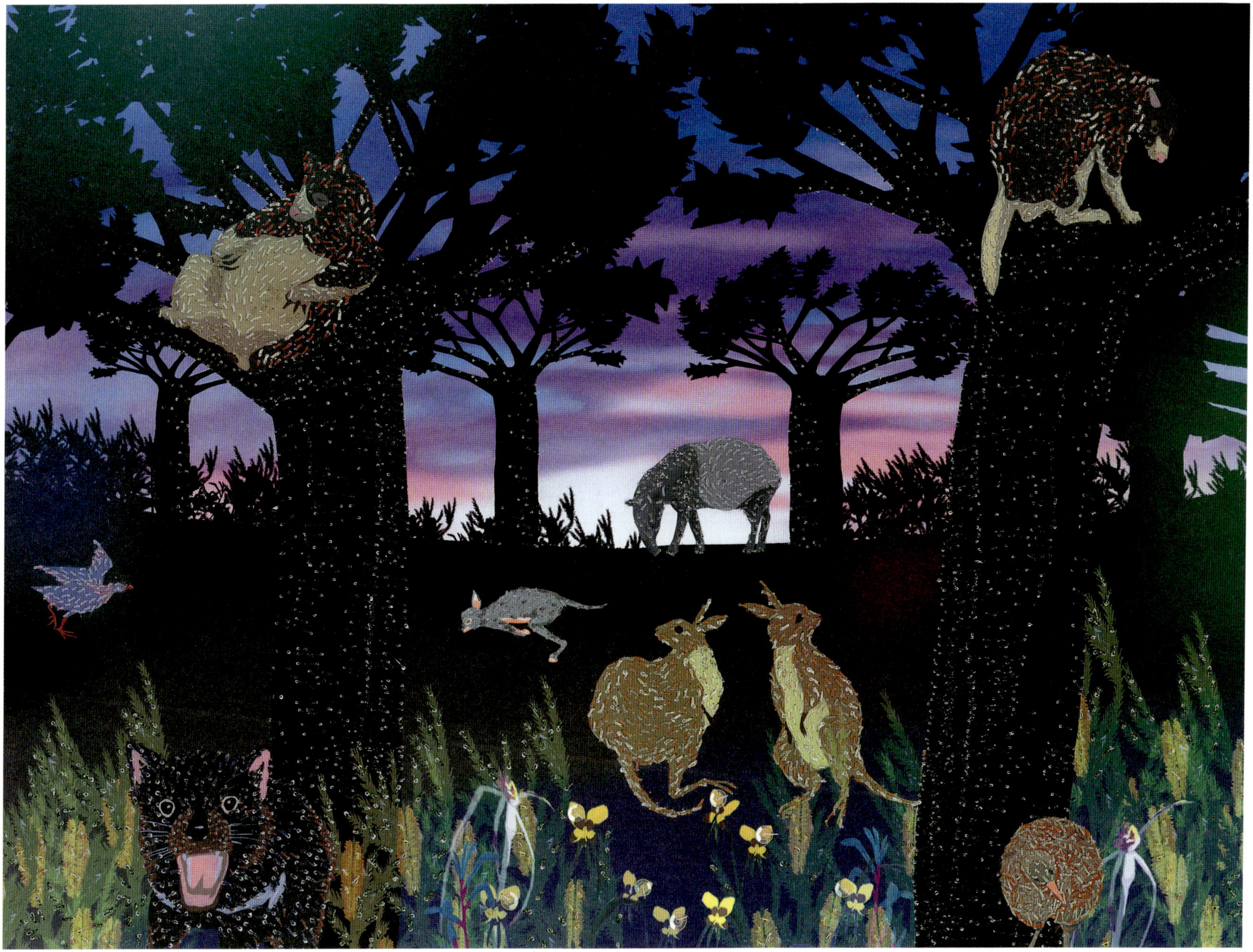

冬ごもり

日本には、本州、四国、九州にすんでいたニホンオオカミと、北海道にすんでいたエゾオオカミの２種類のオオカミがいました。かつて、オオカミは大口の真神（おおくちのまかみ）ともよばれ、信仰の対象にもなっていましたが、狂犬病やジステンパーなどの病気や、人による駆除によって、20世紀のはじめ頃には姿を消したといわれています。

太郎を眠らせ、太郎の屋根に雪ふりつむ
次郎を眠らせ、次郎の屋根に雪ふりつむ。

「雪」 三好達治

土のなかで眠る、いなくなったものたちのうえにも、雪は静かに降りつもります。

01 チャマダラセセリ　Pyrgus maculates / 危惧種 / 北海道東南部、本州、四国 / 前翅長15mm
02 オガサワラオオコウモリ　Pteropus pselaphon / 危惧種 / 小笠原諸島 / 前腕長3cm
03 ニホンオオカミ　Canis hodophilax / 1905年絶滅 / 本州、四国、九州 / 体長95-114cm
04 ニューファンドランドオオカミ　Canis lupus beothucus / 1911年絶滅 / カナダのニューファンドランド島 / 最大で体長200cm
05 フクロオオカミ　Thylacinus cynocephalus / 1960年絶滅 / オーストラリア、タスマニア島 / 体長100-130cm
06 エゾオオカミ　Canis lupus hattai / 1900年頃絶滅 / 北海道 / 体長120-129cm
07 ジャクチサンヌレチゴミムシ　Apatrobus jakuchiensis / 危惧種 / 山口、岡山 / 体長10mm
08 ヤマネ　Glirulus japonicus / 危惧種 / 本州、四国、九州、隠岐諸島の島後 / 頭胴長6.8-8.4cm
09 ガルハタネズミ　Microtus nesophilus / 米西戦争時（1898年頃）絶滅 / 合衆国東部のガル島 / 体長15-20cm
10 ロングテイルホップマウス　Notomys longicaudatus / 1901年絶滅 / オーストラリア / 体長12.5cmで、シッポは18cm
11 マルコブスジコガネ　Trox mitis / 危惧種 / 北海道、本州、九州 / 体長6.5-10mm
12 カドタメクラチビゴミムシ　Ishikawatrechus intermedius / 1970年代絶滅 / 高知県の大内洞 / 体長4.5-5.7mm
13 メキシコウサギ　Romerolagus diazi / 危惧種 / メキシコ中部 / 体長23-32cm
14 ナガヒラタムシ　Tenomerga mucida / 危惧種 / 北海道から九州 / 体長9-17mm
15 スマトラウサギ　Nesolagus netscheri / 危惧種 / スマトラ島 / 頭胴長36.8-41.7cm
16 キムラグモ　Heptathera kimurai / 危惧種 / 九州、沖縄 / 体長オス11-14mm、メス14-16mm
17 オガサワラゴマダラカミキリ　Anoplophora ogasawaraensis / 危惧種 / 小笠原諸島 / 体長2.5-3.5cm
18 シャープゲンゴロウモドキ　Dytiscus sharpi / 危惧種 / 本州、佐渡 / 体長30-33mm
19 オレンジヒキガエル　Bufo periglenes / 1989年頃絶滅 / コスタリカ / 体長オス4.1-4.8cm、メス4.7-5.4cm
20 ベガスヒョウガエル　Rana pipiens fisheri / 1960年頃絶滅 / ラスベガス / 体長オス44-64mm、メス46-74mm
21 コウノハバチ　Selandria konoi / 危惧種 / 本州 / 体長8mm

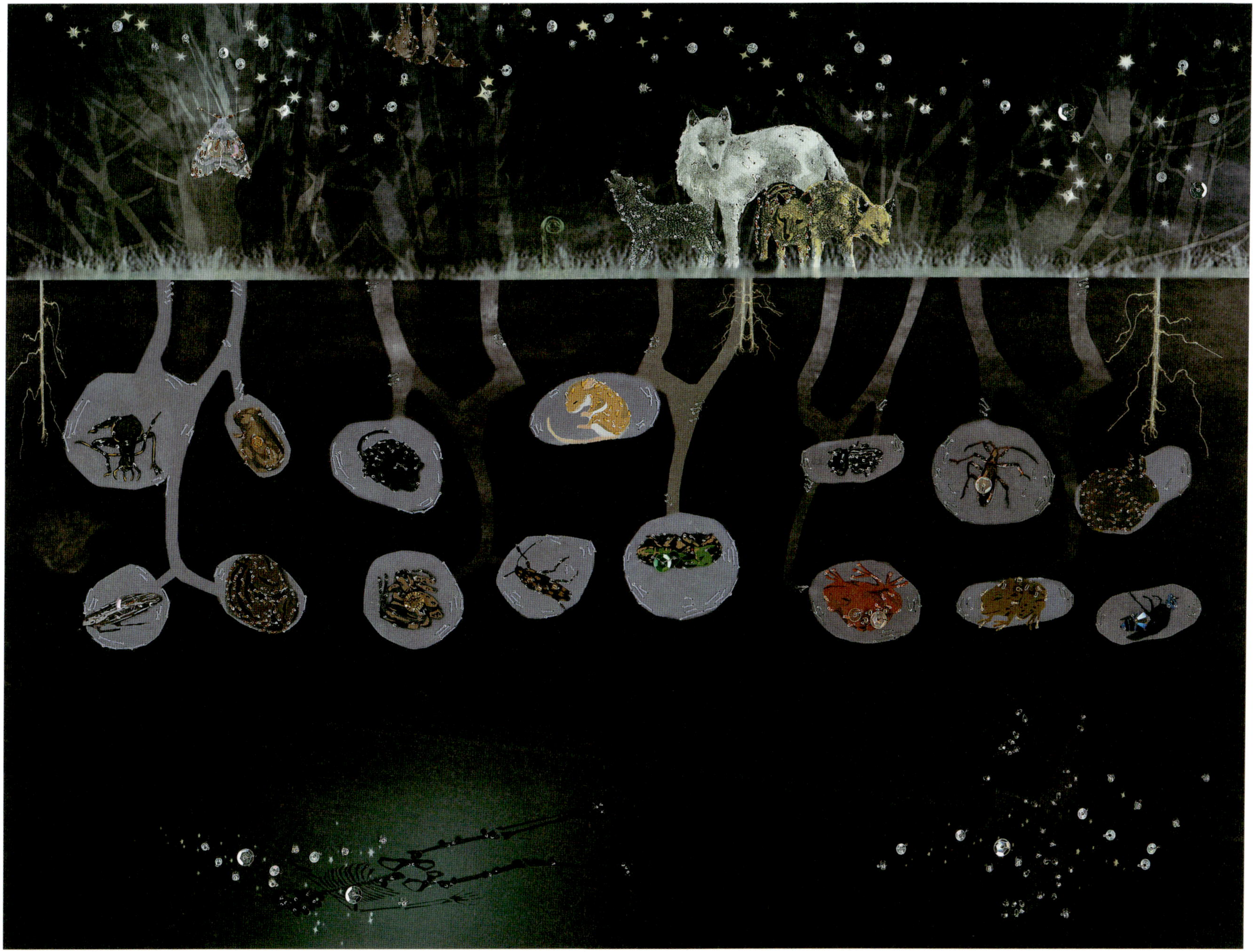

春の訪れ

「山路来て何やらゆかしすみれ草」と芭蕉の句にも詠まれているように、昔から私たち日本人にとってスミレは、とても身近な野の花でした。たくさんの種類のスミレが自生し、愛好家たちのあいだでは「スミレ王国」ともいわれる日本ですが、なかには近い将来、その姿が見られなくなってしまうのではないかと心配されている品種もあります。北海道の夕張岳特産のシソバキスミレは、葉の裏側がシソのように紫色をおびていることからこの名前がつきました。花びらは山吹色にちかい濃い黄色で、春の訪れが遅い夕張の高山地帯では7月から8月の上旬にかけて、清らかで可憐な花を咲かせます。

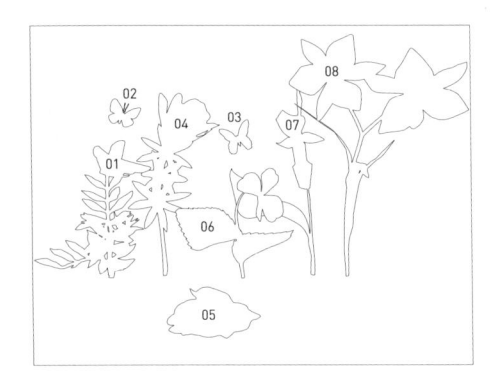

01 ベニシオガマ　Pedicularis koidzumiana / 危惧種 / 北海道 / 草丈3-7cm
02 シルビアシジミ　Zizina otis emelina / 危惧種 / 西日本 / 前翅長10-16mm
03 ナガサキアゲハ　Papilio memnon / 普通種(西表島では絶滅) / 日本、台湾、中国、東南アジア、インドネシア / 前翅長60-80mm
04 ヤクシマリンドウ　Gentiana yakushimensis / 危惧種 / 屋久島 / 草丈7-15cm
05 エピガウルス　Epigaulus / 新生代漸新世から更新世にかけて生息 / 北米 / 体長30-60cm
06 シソバキスミレ　Viola yubariana / 危惧種 / 北海道夕張岳 / 草丈3-7cm
07 キバナノアツモリソウ　Cypripedium yatabeanum / 危惧種 / 北海道、男鹿半島、本州中部以北、北太平洋地域 / 草丈10-30cm
08 ジンリョウユリ　Lilium japonicum var. abeanum / 危惧種 / 徳島、静岡 / 草丈20-60cm

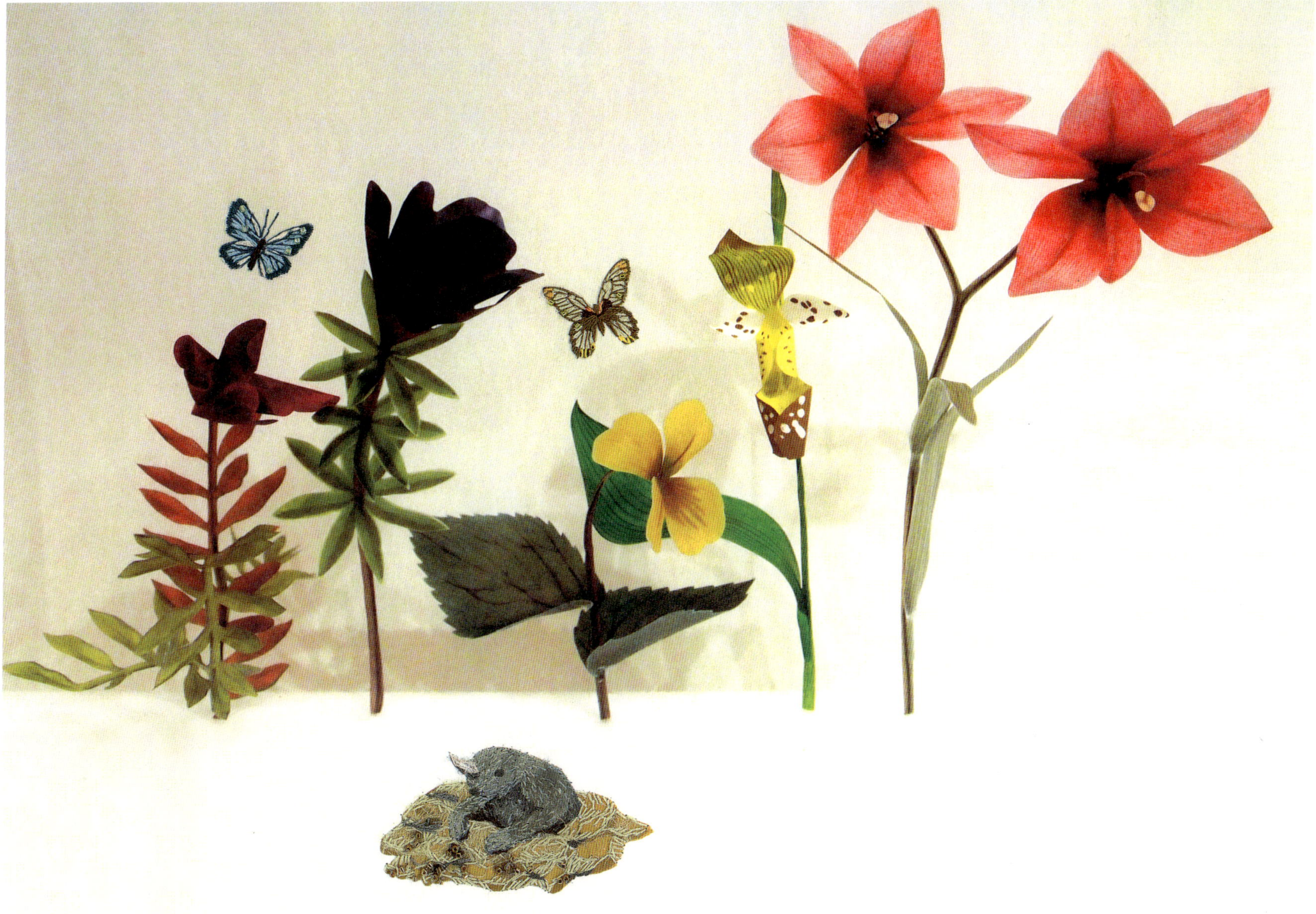

植物標本

19世紀のフランスの作家ユイスマンスは、『さかしま』という小説のなかで、「たとえば蘭のように高貴な血統の花は、繊細できゃしゃで、寒がりで慄えがちである」と書きました。
龍の爪のようなかたちの美しい花びらを持つジンヤクランも、そんな気高くはかなげな蘭のひとつ。日本では、かつて１度だけ石垣島で発見されましたが、近年はその姿を見せたことはありません。

蜂になれ折人(をるひと)あらば蘭の花

蓼太

洋の東西を問わず、蘭の花というのは、人びとの心をとらえてはなさない魅惑の花なのです。

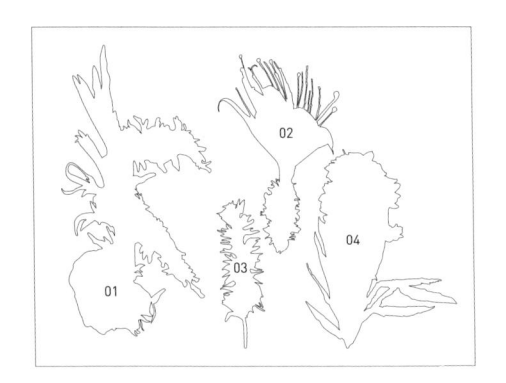

01 ジンヤクラン　Renanthera labrosa / 絶滅種 / 沖縄、台湾、中国南部 / 草丈30-50cm
02 タカノホシクサ　Eriocaulon cauliferum / 第二次大戦後絶滅 / 群馬県の多々良沼 / 草丈4-20cm
03 ホクトガヤツリ　Cyperus procerus / 絶滅種 / 鹿児島 / 草丈45-85cm
04 チクシキヌラン　Zeuxine strateumatica forma rupicola / 危惧種 / 本州南部、沖縄 / 草丈5-15cm

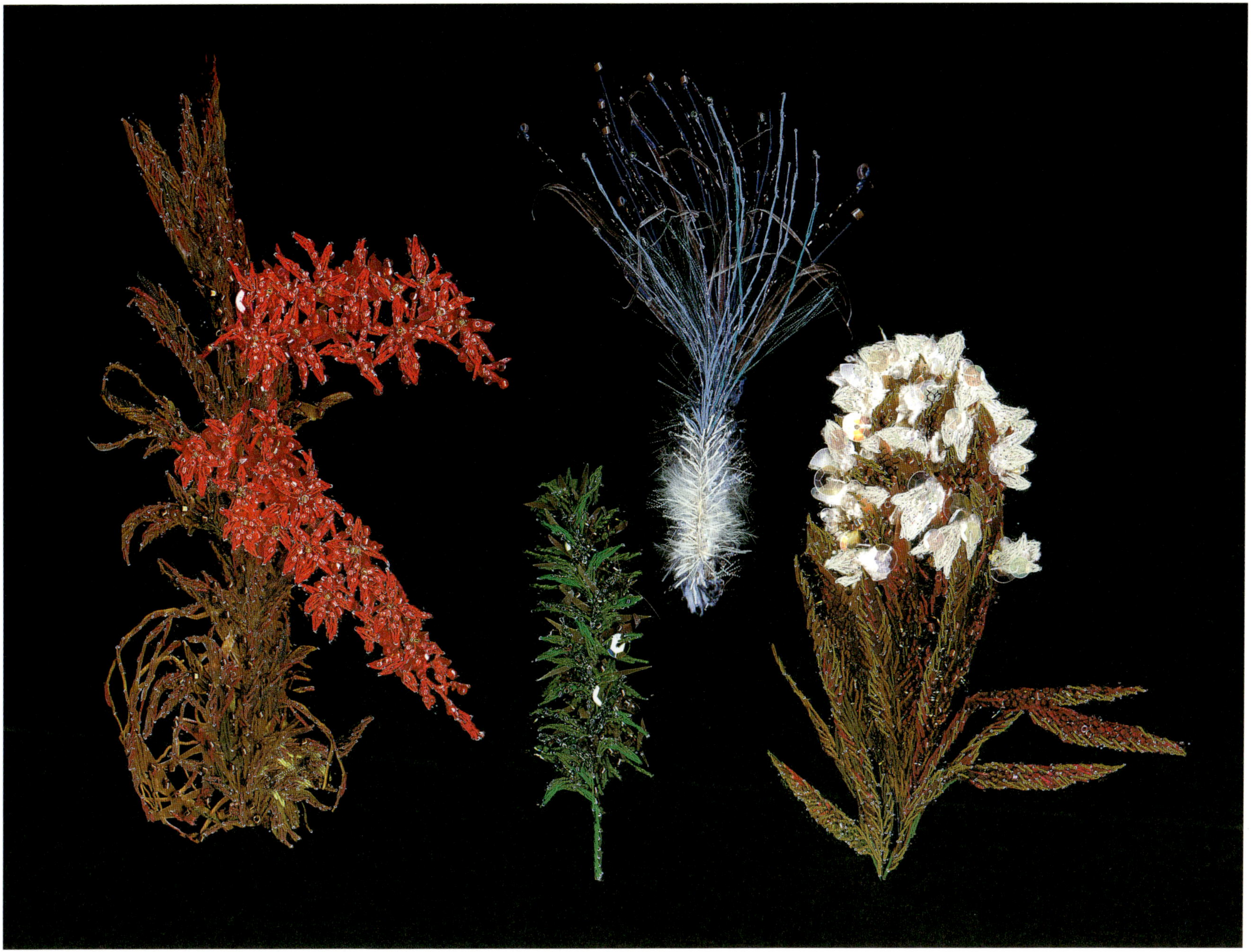

黄金の魚

南米のボリビアとペルーの国境、標高3800メートルに位置するチチカカ湖。この湖にすんでいたチチカカオレスティアは、黄金色に輝く鱗におおわれた魚です。若魚の頃は鱗に斑点が目立ちますが、成魚になるとあざやかな黄金色に輝いたといいます。しかし、1937年にアメリカ政府によってマスが放流され、生存競争に敗れたチチカカオレスティアは、1960年には姿を消してしまいました。

それにしても、インカの金銀財宝が湖底に眠っているという伝説が残るチチカカ湖に黄金の魚がいたというのは、興味深い偶然です。もしかしたら、インカの財宝とは、チチカカオレスティアのことだったのかもしれません。

01 オニバス　Euryale ferox / 危惧種 / 本州、四国、九州、アジア東部とインドの湖沼や河川 / 浮葉径30-267cm
02 チチカカオレスティア　Orestias cuvieri / 危惧種(情報不足種) / 南米のチチカカ湖 / 全長22-27cm

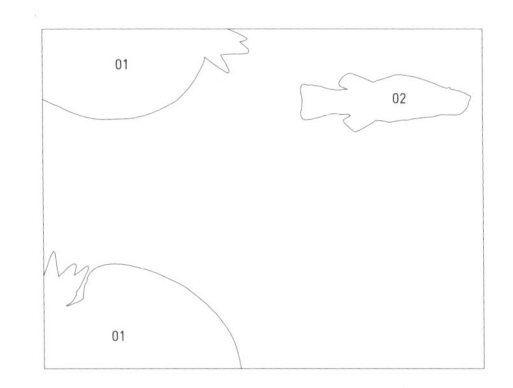

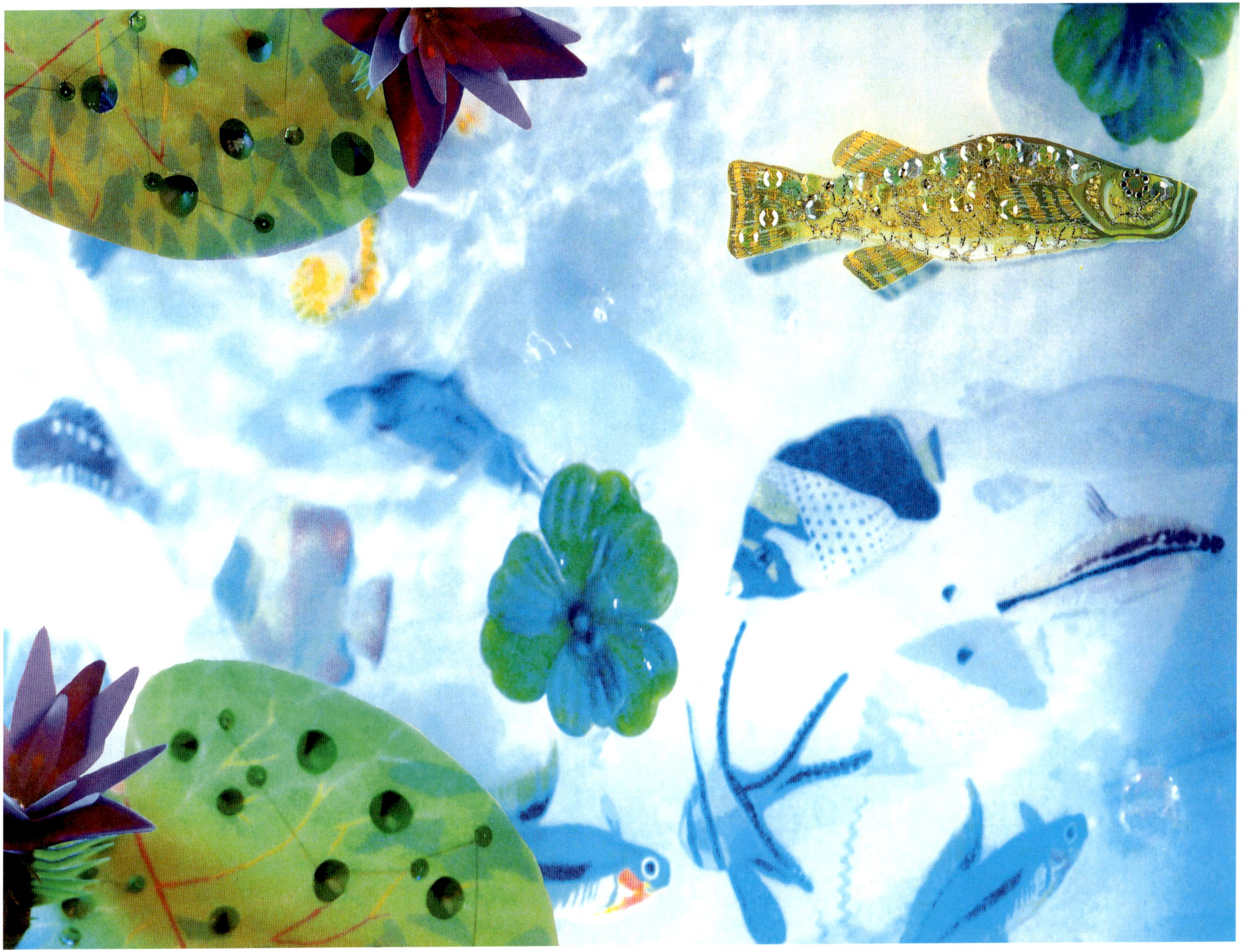

美しい魚たち

かつての美しい海には、いまよりもはるかに多くの種類のいきものたちがすんでいました。

カリブ海の大西洋西部、中央アメリカ、南アメリカの海にすむ、タツノオトシゴの仲間のスレンダーシーホースは、乾燥させておみやげとして売るためや、薬をつくるために大量に採取され、とても数が少なくなっています。

また、小笠原から中部太平洋のサンゴ礁にすむ、チョウチョウウオ科のヤリカタギも、絶滅のおそれが高まっているといいます。この魚はクシハダミドリイシという特定のサンゴしか食べないため、サンゴが壊されてしまうと、必然的に彼らも生きていけなくなってしまうのです。

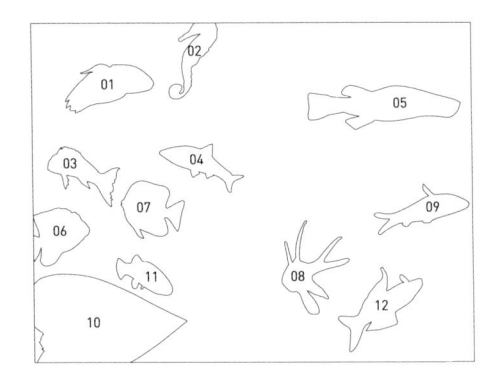

01 ベタ・ピンギス　Betta pinguis / 危惧種 / 南米北部 / 全長12cm
02 スレンダーシーホース　Hippocampus reidi / 危惧種 / アメリカの熱帯域沿岸 / 全長17.5cm
03 ソコッロセルラ　Serranus socorroensis / 危惧種 / メキシコのレビジャヒヘド諸島 / 全長8cm
04 ゴールデン・ライン・フィッシュ　Sinocyclocheilus grahami Sinocyclocheilus grahami / 危惧種 / 中国南部 / 全長23cm
05 イエロークラウンド・バタフライフィッシュ　Chaetodon flavocoronatus / 危惧種 / 西太平洋（ミクロネシア）/ 全長12cm
06 ヤリカタギ　Chaetodon trifascialis / 危惧種 / 駿河湾以南、小笠原から中部太平洋のサンゴ礁 / 全長12cm
07 クラリオン・エンゼルフィッシュ　Holacanthus clarionensis / 危惧種 / 東部太平洋 / 体長20cm
08 バンガイ・カーディナル・フィッシュ　Pterapogon kauderni / 危惧種 / インドネシア東部 / 全長8cm
09 デニソンバーブ　Puntius denisonii / 危惧種 / 南米北部 / 全長15cm
10 ガガブタ　Nymphoides indica / 危惧種 / 本州、九州、朝鮮、中国、東南アジア、アフリカ、オーストラリア / 葉径7-20cm、花冠径15mm
11 サハラアファニウス　Aphanius saourensis / 危惧種 / アフリカ北西部 / 全長4.5cm
12 ポポンデッタ・ブルーアイ　Pseudomugil connieae / 危惧種 / フィリピン / 体長5cm

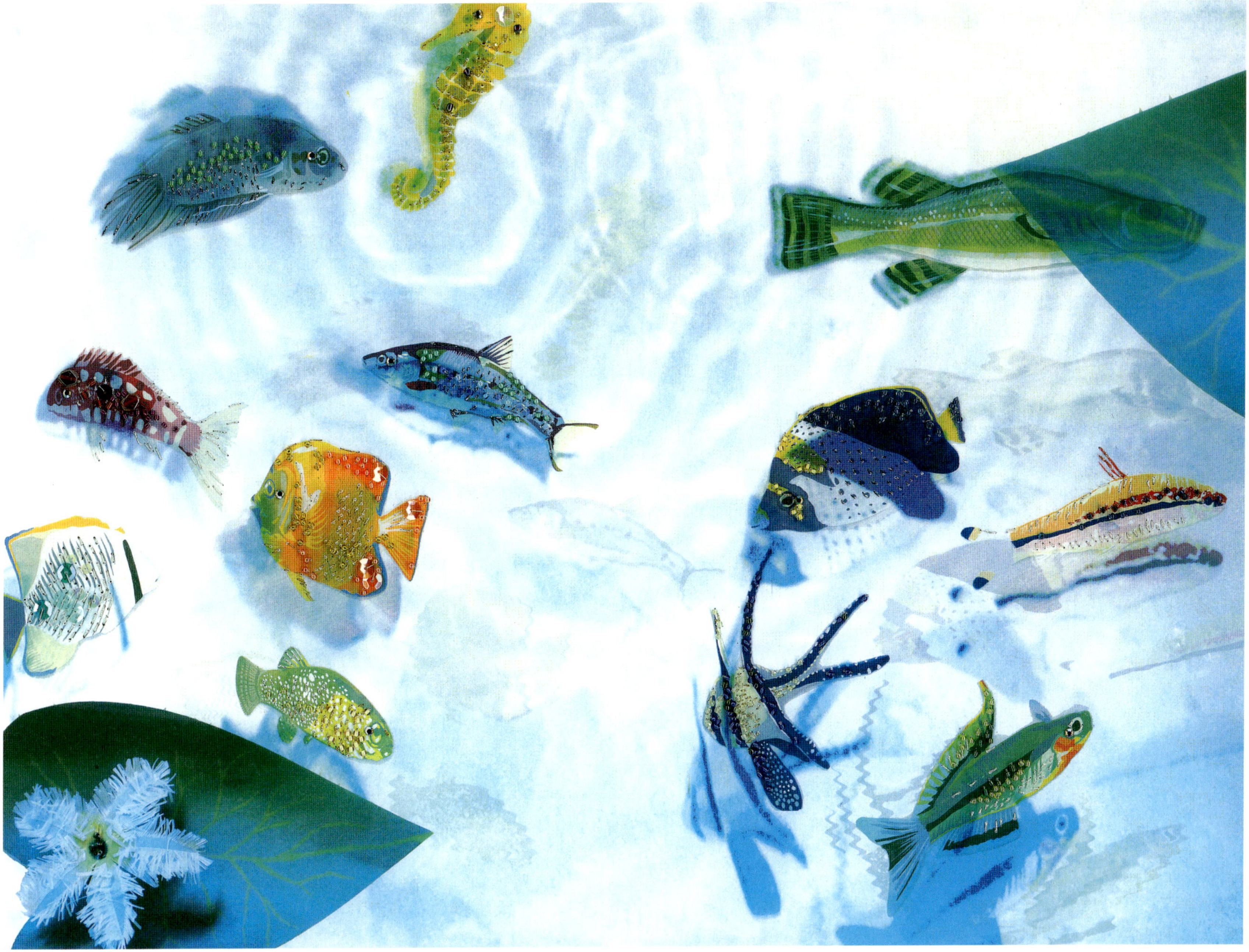

春の夢

蝶の蒐集家でもあったドイツの作家ヘルマン・ヘッセは、「美しいもの、亡びゆくものの象徴」として、生涯にわたって蝶を愛しつづけました。

白と深紅のその蝶は
野の奥深くへと吹かれていった
夢見心地で先へ歩いてゆくと
天国からもたらされたような
静かな輝きが心に残った
　　　　　「蝶」ヘルマン・ヘッセ　岡田朝雄訳

いまこの国では、オオムラサキやミヤマシロチョウなど数多くの種類の蝶が、はかなく姿を消そうとしています。

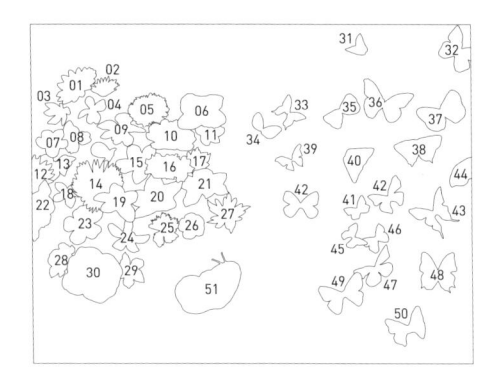

01 フクジュソウ　Adonis ramosa / 危惧種 / 北海道から九州 / 草丈15-30cm
02 イワカガミ　Schizocodon soldanelloides / 危惧種 / 北海道から九州 / 草丈10-15cm
03 キクザキイチリンソウ　Anemone pseudoaltaica / 危惧種 / 北海道から近畿以北 / 草丈10-30cm
04 オオカメノキ　Viburnum furcatum / 危惧種 / 北海道、本州、四国、九州 / 高さ2-4m
05 ダンギク　Caryopteris incana / 危惧種 / 九州西部から朝鮮南部、中国 / 草丈30-80cm
06 ムニンノボタン　Melastoma tetranerum / 危惧種 / 小笠原諸島父島 / 高さ1m
07 アサマフウロ　Geranium soboliferum / 危惧種 / 本州中部 / 草丈50-80cm
08 シャガ　Iris japonica / 危惧種 / 中国、九州、本州 / 草丈50-60cm
09 オダマキ　Aquilegia flabellata var. pumila / 危惧種 / 北海道、本州中部以北、南千島、朝鮮北部、サハリン / 草丈10-25cm
10 マツモトセンノウ　Lychnis sieboldii / 危惧種 / 阿蘇山、朝鮮、中国東北部 / 草丈30-60cm
11 エゾムラサキ　Myosotis sylvatica / 危惧種 / 北海道、長野 / 草丈20-40cm
12 ウラギク　Aster tripolium / 危惧種 / 関東以西の本州、四国、九州 / 草丈30-60cm
13 エイザンスミレ　Viola eizanensis / 危惧種 / 本州、四国、九州 / 草丈5-15cm
14 ミヤマノギク　Erigeron miyabeanus / 危惧種 / 北海道 / 草丈10-20cm
15 セツブンソウ　Shibateranthis pinnatifida / 危惧種 / 本州関東地方以西 / 草丈5-15cm
16 チョウジガマズミ　Viburnum carlesii / 危惧種 / 本州中国地方、四国、九州北部 / 草丈1-3m
17 アズマシャクナゲ　Rhododendron degronianum / 危惧種 / 東北地方、関東地方、中部地方 / 高さ2-4m
18 ツメクサ　Sagina japonica / 普通種 / 北海道から九州 / 草丈2-15cm
19 ハマジンチョウ　Myoporum bontioides / 危惧種 / 九州西部以南、台湾、中国南部、インドシナ / 高さ1-2m
20 アサザ　Nymphoides peltata / 危惧種 / ユーラシアの温帯地域、本州、九州 / 花冠径3-4cm
21 アマギツツジ　Rhododendron amagianum / 危惧種 / 伊豆半島 / 高さ3-6m
22 ハナカズラ　Aconitum ciliare / 危惧種 / 九州 / 花径32-45mm
23 カタバミ　Oxalis corniculata / 普通種 / 熱帯から温帯に広く分布 / 花径8-10mm
24 ケキツネノボタン　Ranunculus cantoniensis / 危惧種 / 本州、四国、九州、沖縄 / 草丈30-60cm
25 オグラセンノウ　Lychnis kiusiana / 危惧種 / 岡山、広島、熊本 / 草丈60-100cm
26 センカクオトギリ　Hypericum senkakuinsulare / 危惧種 / 沖縄の魚釣島 / 高さ60cm
27 ハコベ　Stellaria / 普通種 / 北海道から九州 / 草丈10-20cm
28 ゲンノショウコ　Geranium thunbergii / 危惧種 / 北海道から九州、朝鮮、中国 / 草丈30-40cm
29 ホタルカズラ　Lithospermum zollingeri / 危惧種 / 北海道から沖縄、台湾、朝鮮、中国 / 草丈15-20cm
30 ヤマシャクヤク　Paeonia japonica / 危惧種 / 関東以西の本州、四国、九州、朝鮮 / 高さ30-50cm
31 オオイチモンジ　Limenitis populi / 危惧種 / 北海道、中部山岳 / 前翅長34-48mm
32 サトキマダラヒカゲ　Neope goschkevitschii / 危惧種 / 北海道、本州、四国、九州 / 前翅長26-39mm
33 キアゲハ　Papilio machaon / 危惧種 / ヨーロッパからアジア、北米北西部 / 前翅長40-60mm
34 ミヤマシロチョウ　Aporia hippia japonica / 危惧種 / 東アジア / 前翅長30-40mm
35 ベニモンカラスシジミ　Fixsenia iyonis / 危惧種 / 本州中部以西、四国 / 前翅長15-17mm
36 ツマベニチョウ　Hebomoia glaucippe / 危惧種 / 九州南端部、南西諸島 / 前翅長40-55mm
37 ミヤマシジミ　Lycaeides argyrognomon / 危惧種 / 本州中部 / 前翅長9-16mm
38 ヒメギフチョウ　Luehdorfia puziloi / 危惧種 / 北海道から本州中部、中国東北部からシベリア / 前翅長26-32mm
39 タテハチョウ　Nymphalidae / 危惧種 / 北海道から九州 / 前翅長20-40mm
40 アサヒナキマダラセセリ　Ochlodes asahinai / 危惧種 / 石垣島、西表島 / 前翅長19-24mm
41 モンキチョウ　Colias erate / 普通種 / 日本、台湾、中央アジア、ヨーロッパ南部、東アフリカ / 前翅長23-26mm
42 アオバセセリ　Choaspes benjaminii japonica / 危惧種 / 本州、四国、九州、南西諸島 / 前翅長23-31mm
43 オナガセセリ　Urbanus proteus / 普通種 / 合衆国南部からアルゼンチン / 翅開張45mm
44 オオムラサキ　Sasakia charonda / 危惧種 / 北海道から九州、台湾北部、朝鮮、中国、ベトナム北部 / 前翅長50-55mm
45 ツマグロヒョウモン　Argyreus hyperbius / 危惧種 / 関東以西、朝鮮、中国、インドシナ半島、アフリカ北東部からインド、オーストラリア / 前翅長38-45mm
46 ルーミスシジミ　Panchala ganesa loomisi / 危惧種 / 本州（房総半島が北限）、四国、九州 / 前翅長13-15mm
47 セセリチョウ　Thymelicus leoninus leoninus / 危惧種 / 北海道、本州、九州 / 前翅長14-18mm
48 フタオチョウ　Polyura eudamippus / 危惧種 / 沖縄 / 前翅長43-50mm
49 ウラナミシジミ　Lampides boeticus / 危惧種 / 北海道南部以南、アジア、ヨーロッパ、アフリカ、オーストラリア / 前翅長15-20mm
50 ウラギンシジミ　Curetis acuta / 危惧種 / 本州以南 / 前翅長15-24mm
51 コルシカカタツムリ　Helix ceratina / 危惧種 / コルシカ島南西海岸 / 全長20mm

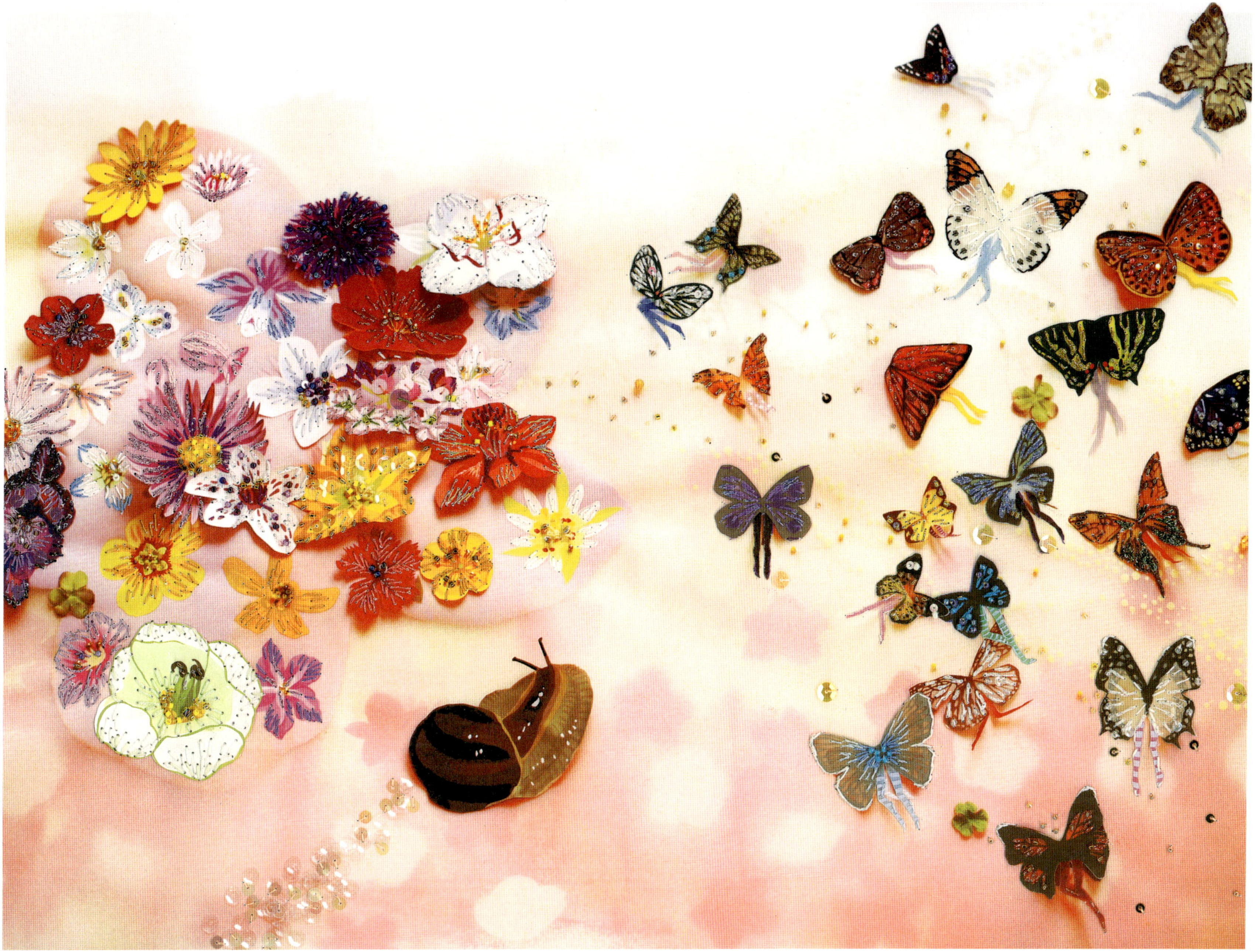

蝶類

『ロリータ』などの傑作の小説を書き、蝶の研究家としても知られたウラジミール・ナボコフは、「蝶が私を選んだのであって、私が蝶を選んだわけではない」と、蝶の美しさに魅惑された心情を語っています。

国の天然記念物にも指定されているウスバキチョウは、日本では北海道の大雪山とその周辺の高山地帯にしかすんでいません。しかも、見られる時期は6月から7月にかぎられているため、毎年この時期になると、多くの蝶愛好家たちがこの蝶に会うために北海道を目ざすといいます。

ちなみに、ウスバキチョウの仲間の日本の蝶ウスバシロチョウは、ナボコフの『アーダ』に登場します。

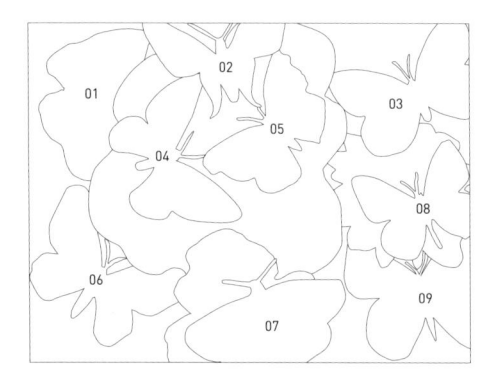

01 カラフトルリシジミ　Vacciniina optilete / 危惧種 / 北海道、ユーラシアの寒冷地 / 前翅長12-13mm
02 ゴクラクトリバネアゲハ　Ornithoptera paradisea / 危惧種 / ニューギニア / 翅開張オス130mm、メス160mm
03 ダイセツタカネヒカゲ　Oeneis melissa daisetsuzana / 危惧種 / 北海道大雪山、日高山脈 / 前翅長23-25mm
04 ウスバキチョウ　Parnassius eversmanni daisetsuzanus / 危惧種 / 北海道大雪山、十勝連峰 / 前翅長25-30mm
05 モーリシャステングチョウ　Libythea cinyras / 19世紀絶滅 / インド洋モーリシャス島 / 体長データは残っていない
06 ヒレオトリバネアゲハ　Ornithoptera meridionalis / 危惧種 / ニューギニア / 翅開張オス100mm、メス150mm
07 ヒメチャマダラセセリ　Pyrgus malvae / 危惧種 / ヨーロッパ、温帯アジア / 翅開張2-2.5mm
08 オガサワラシジミ　Celastrina ogasawaraensis / 危惧種 / 小笠原諸島 / 前翅長12-15mm
09 ルーミスシジミ　Panchala ganesa loomisi / 危惧種 / 本州（房総半島が北限）、四国、九州 / 前翅長13-15mm

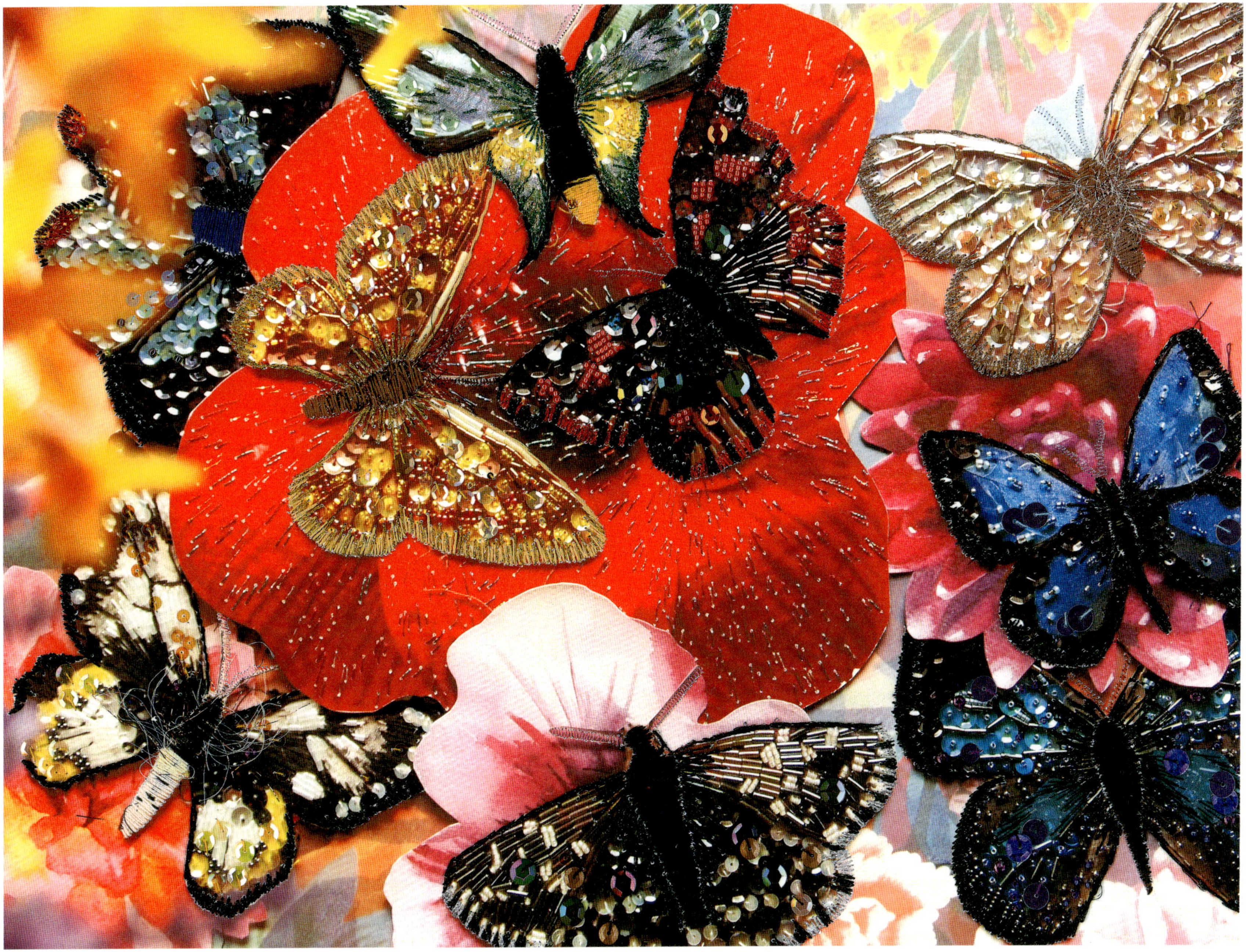

オレンジヒキガエルと幻の花

オレンジヒキガエルは、中南米コスタリカのほんのわずかな地域だけにすんでいた、とてもめずらしいカエルです。その名のとおり、オスの体はあざやかなオレンジ色。繁殖期になるとどこからともなくあらわれ、陰鬱な熱帯雨林の森をひとときオレンジ色に染めあげました。しかし、彼らは繁殖期いがいに姿を見せることはなく、おそらく水中生のカエルだったのではないかと考えられています。

オレンジヒキガエルが人に発見されたのは、1966年。それ以来、この「オレンジ色の祭典」は毎年繰りひろげられてきましたが、1989年を最後に、彼らの姿を目にしたという報告はひとつもありません。

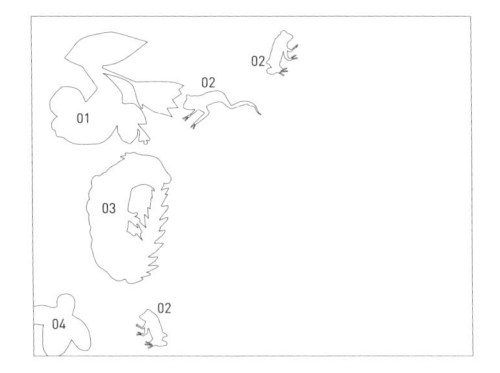

01 テウクリウム・アジュガセウム　Teucrium ajugaceum / 1891年以降絶滅と考えられていたが近年再発見 / オーストラリアのヨーク岬半島 / 草丈20cm
02 オレンジヒキガエル　Bufo periglenes / 1989年頃絶滅 / コスタリカ / 体長オス4.1-4.8cm、メス4.7-5.4cm
03 アルマジロトカゲ　Cordylus cataphractus / 危惧種 / 南アフリカ共和国西部 / 全長15-20cm
04 ファフィドスポラ・カバーナルム　Rhaphidospora cavernarum / 1873年以降絶滅と考えられていたが近年再発見 / オーストラリアのヨーク岬半島 / 草丈1.5m

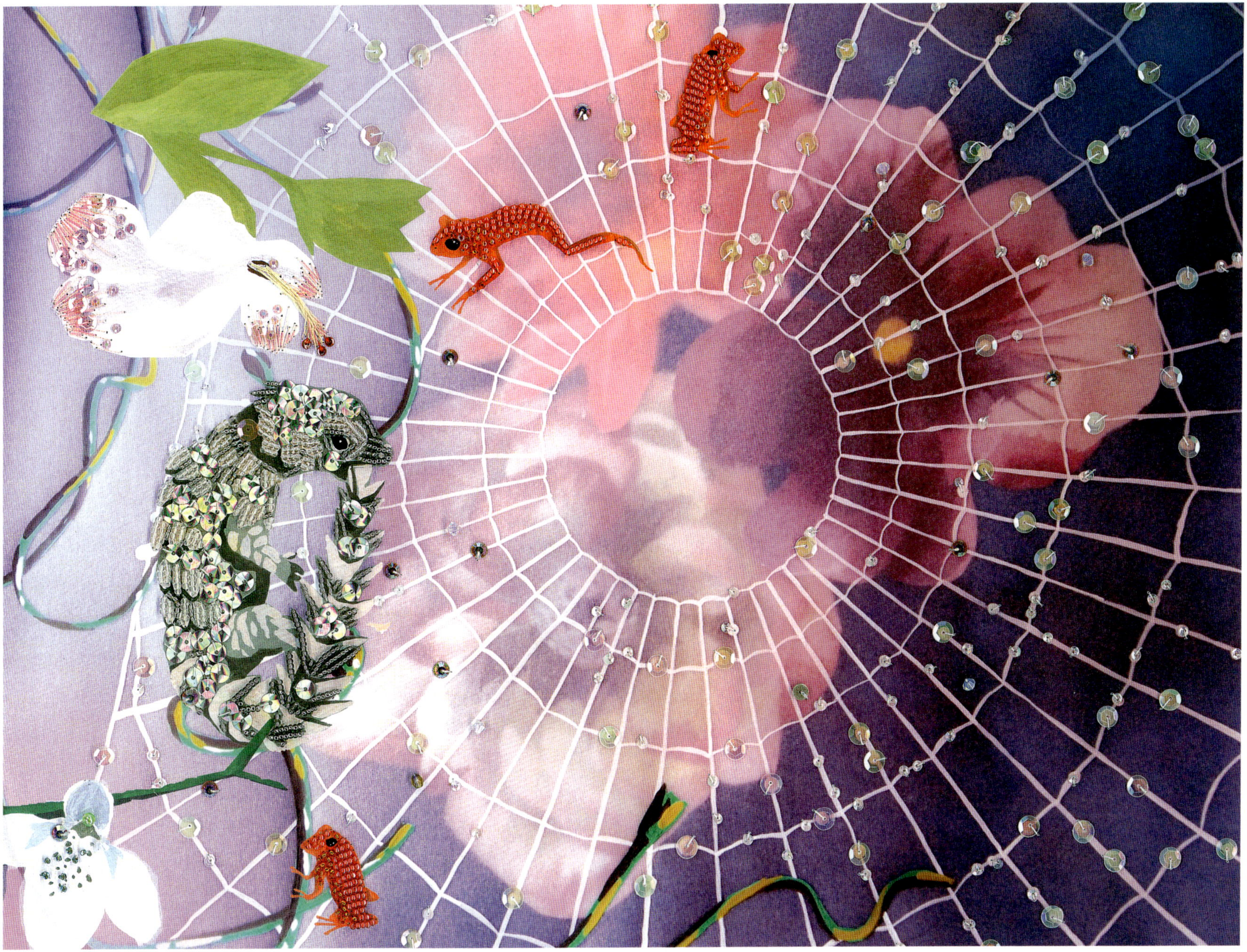

クアッガの最期

南アフリカの草原にすんでいたクアッガは、頭から胴の前半分だけに縞がある変わったシマウマです。鳴き声が独特で、「クアッハ、クアッハ」と聞こえたことから、現地の人たちがこう名づけたといいます。

人なつこく、警戒心があまりないクアッガは、オランダからやってきた白人や現地の豊かな農場主たちの食料や革製品にするために、大量に殺されました。そして1870年、野生で最後に残った1頭が銃でうたれてしまいます。ヨーロッパの動物園にはまだ何頭か残っていましたが、1883年にアムステルダムで飼われていた年老いたメスが息をひきとり、クアッガは永遠に姿を消しました。

01　ドルーリーオオアゲハ　Papilio antimachus / 危惧種 / 中央アフリカ / 翅開張オス20-25cm、メス15cm
02　クアッガ　Equus quagga quagga / 1883年絶滅 / 南アフリカ共和国 / 体高135cm

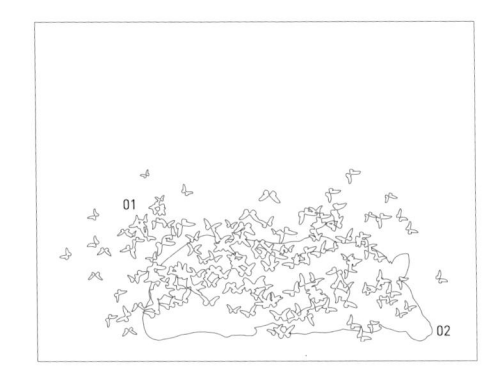

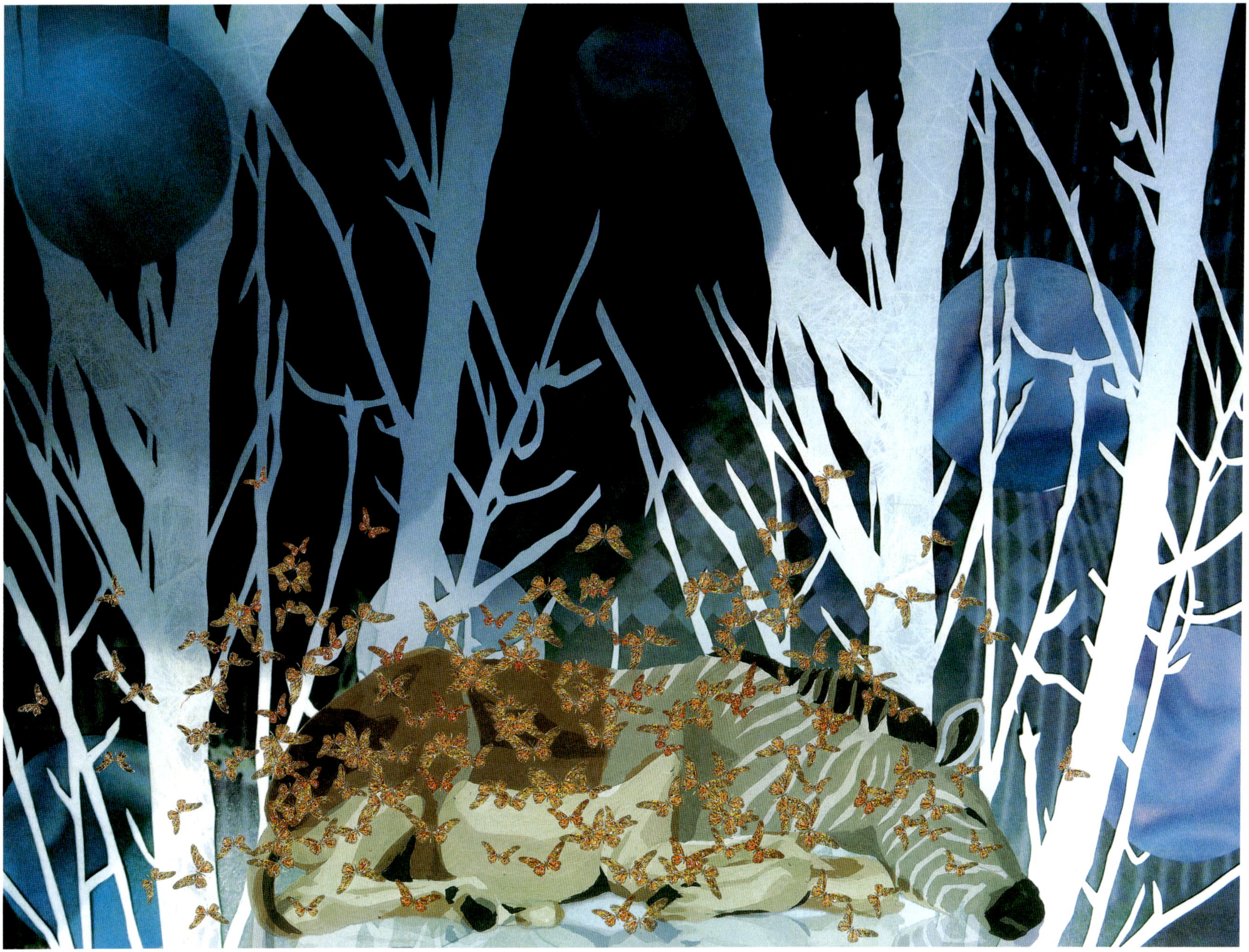

冬の行進

「ニッポニア・ニッポン」という学名をもつトキは、この国では古くから知られ、『日本書紀』や『万葉集』にも「桃花鳥」という名前で登場します。日本人は古くからトキの肉を食べていましたが、食肉が禁止されていた江戸時代には、トキが増えすぎて困ったという記録も残っているそうです。しかし、明治以降は肉や毛皮をとるために乱獲され、急激にその数を減らしていきました。

もとから日本にいた野生のトキは、2003年10月10日に死亡した「キン」を最後に、完全に姿を消してしまいました。しかし、中国から受けいれたトキは少しずつ数を増やし、2008年には100羽を超えています。

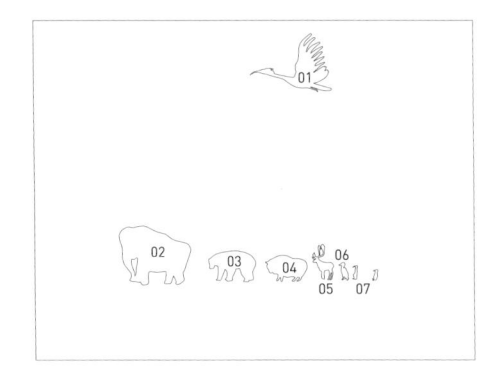

01 トキ　Nipponia nippon / 危惧種 / 東アジア / 全長76cm
02 ケナガマンモス　Mammuthus primigenius / 新生代鮮新世から更新世後期にかけて生息 / ユーラシア北部、北米北部 / 体長5.4m
03 カムチャッカオオヒグマ　Ursus arctos piscator / 1920年絶滅 / カムチャッカ半島 / 体長2.4m
04 ジャコウウシ　Ovibos moschatus / 危惧種 / カナダ北部、グリーンランド / 体長オス2-2.4m、メス1.9-2m
05 ドウソンシンリントナカイ　Rangifer tarandus dawsoni / 1908年絶滅 / カナダのクイーンシャーロット諸島 / 体長1.4m
06 メガネウ　Phalacrocorax perspicillatus / 1852年絶滅 / カムチャッカ半島東方ベーリング島 / 全長1m
07 オオウミガラス　Pinguinus impennis / 1844年絶滅 / 北大西洋 / 全長80cm

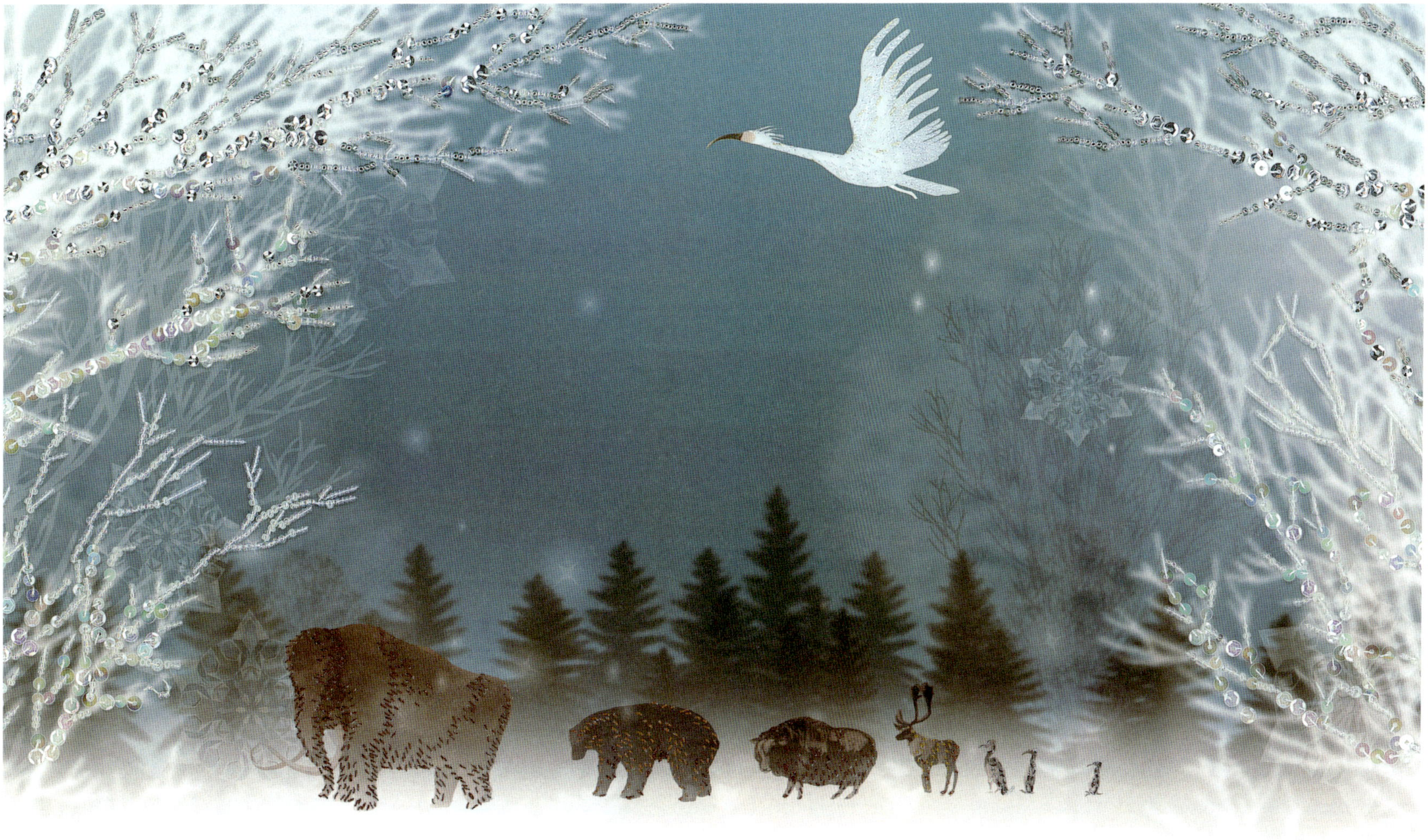

地上で最も大きい恐竜と冬鳥

いまからおよそ1億1200万年から9350万年前、南アメリカ大陸にすんでいたアルゼンチノサウルスは、地球史上最も大きい陸のいきものだといわれています。全長およそ35〜45メートル、重さは約90〜110トン。ビルの5階に頭が届くほどの、巨大な草食の恐竜です。

その名前がしめすとおり、この恐竜の化石は南米のアルゼンチンで発見されました。そして面白いことに、その化石は、彼らとほぼ同時代に生息していた肉食恐竜のギガノトサウルスの化石の近くで見つかったのです。そのため、ギガノトサウルスが集団となって、アルゼンチノサウルスを襲ったのではないかという説を唱える考古学者もいます。

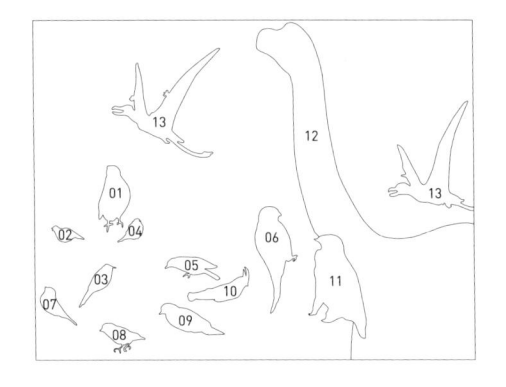

01　コチョウゲンボウ　Falco columbarius / 危惧種 / ユーラシア、北米で繁殖。ベトナム南部、インド北部、アフリカ北部、南米北部で越冬 / 全長29cm
02　アオバト　Sphenurus sieboldii / 危惧種 / 九州以北、台湾、中国南部 / 全長33cm
03　ジョウビタキ　Phoenicurus auroreus / 危惧種 / 中国北部と中央部、シベリア南東部、サハリンで繁殖。日本、中国南部からインド北部で越冬 / 全長15cm
04　ユキホオジロ　Plectrophenax nivalis / 危惧種 / 北極付近で繁殖。フランス北部、旧ソ連南部、北米で越冬 / 全長16cm
05　ヒレンジャク　Bombycilla japonica / 危惧種 / シベリア南東部で繁殖。日本、朝鮮、中国東部で越冬 / 全長17.5cm
06　チョウゲンボウ　Falco tinnunculus / 危惧種 / アジア、ヨーロッパ、アフリカで繁殖。アフリカ南部、スリランカで越冬 / 全長33cm
07　ギンザンマシコ　Pinicola enucleator / 危惧種 / 北海道、スカンジナビア北部から北シベリア、北米北部および西部で繁殖。一部は南下して越冬 / 全長20cm
08　シメ　Coccothraustes coccothraustes / 危惧種 / ユーラシア中部域に広く分布、北方で繁殖し冬季南方へ渡る。日本では北海道や本州中部以北で繁殖 / 全長19cm
09　オオマシコ　Carpodacus roseus / 危惧種 / ユーラシアの亜寒帯で繁殖。日本、朝鮮、中国東部、モンゴルで越冬 / 全長16cm
10　キレンジャク　Bombycilla garrulous / 危惧種 / 北半球の寒帯で繁殖。日本、中国、サハリン、イラン、ヨーロッパで越冬 / 全長19.5cm
11　ケアシノスリ　Buteo lagopus / 危惧種 / ユーラシア、北アフリカの寒帯で繁殖。亜寒帯から温帯で越冬 / 全長55cm
12　アルゼンチノサウルス　Argentinosaurus / 中生代に生息 / アルゼンチン / 全長35-45m
13　ユーディモルフォドン　Eudimorphodon / 中生代三畳紀後期に生息 / イタリア / 翼開長1m

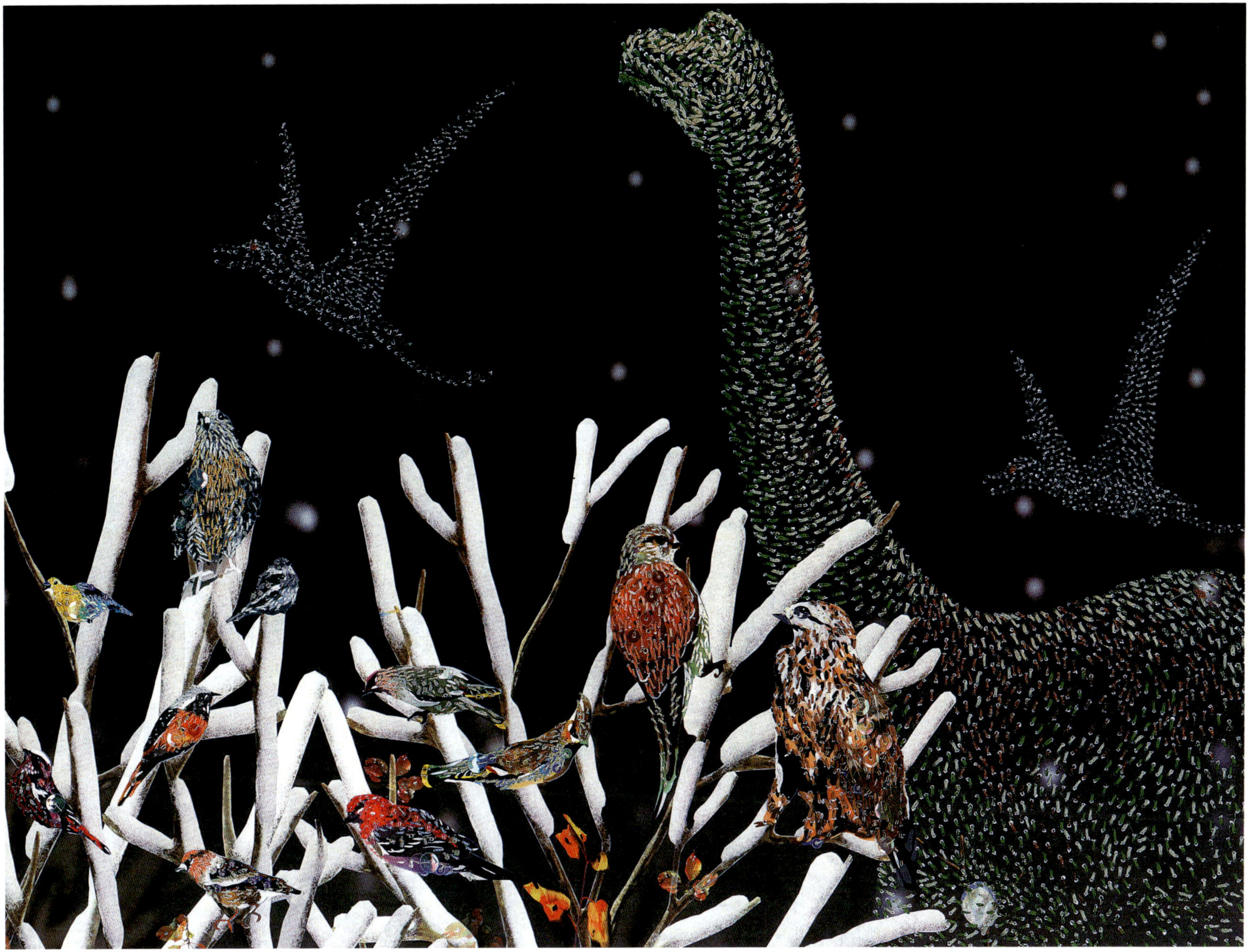

地球の始まり

ニホンザリガニは、2000年に環境省のレッドリストに指定されました。「ザリガニが絶滅危惧種？」と、不思議に思った人もいるかもしれませんが、いま私たちが一般に「ザリガニ」といっているのは、じつはアメリカから来たザリガニなのです。

20世紀初頭、アメリカザリガニ、タンカイザリガニ、ウチダザリガニの3種がアメリカから移入され、20世紀後半には、そのうちのアメリカザリガニが日本全国に分布を拡大しました。一方、ニホンザリガニは、これら外来種が持ち込んだ寄生虫や伝染病、そして環境の悪化によって次々にいなくなり、年々その数を減らしていったのです。

01 ウィルソンヒメアカトンボ　Brachythemis wilsoni / 危惧種 / アフリカ中部 / 体長35mm
02 マンドリル　Papio sphinx / 危惧種 / 中央アフリカ西部 / 体長63-81cm
03 イブクロコモリガエル　Rheobatrachus silus / 1985年絶滅 / オーストラリアのクイーンズランド南東部 / 体長3.5-5.5cm
04 ジャイアントパンダ　Ailuropoda melanoleuca / 危惧種 / 東アジア / 体長1.6-1.9m
05 プロリビテリウム　Prolibytherium magnieri / 中生代新第三紀に生息 / 北アフリカ / 体長180cm
06 トレマリアアライグマ　Procyon insularis / 危惧種 / メキシコのトレスマリアス諸島 / 頭胴長58-65cm
07 ゴールデンモンキー　Rhinopithecus roxellana / 危惧種 / 東アジア / 体長54-71cm
08 バーバリライオン　Panthera leo leo / 1920年絶滅 / アフリカ北部バーバリ地方からエジプト / 体長2.4m
09 アオミオカタニシ　Leptopoma nitidum / 危惧種 / 南西諸島、台湾、パプアニューギニア / 殻高15mm、殻径15mm
10 ニシアフリカカワガニ　Liberonautes latidactylus / 危惧種 / アフリカ西部 / 甲幅77mm
11 カニサイ　Chilotherium pugnator / 新生代新第三紀に生息 / 岐阜、長野、アジア、ヨーロッパ、北米 / 体長2.8-3.75 m
12 マクラウケニア　Macrauchenia / 新生代中新世末期から更新世末期に生息 / 南米 / 全長約3.3m
13 クニマス　Oncorhynchus nerka kawamurae / 危惧種 / 1940年頃田沢湖では絶滅と考えられていたが、2010年富士五湖の西湖で再発見 / 全長30cm
14 ヤエヤマセマルハコガメ　Cistoclemmys flavomarginata evelynae / 危惧種 / 西表島、石垣島、台湾、中国南部 / 甲長17cm
15 ヨーロッパザリガニ　Austropotamobius torrentium / 危惧種 / ヨーロッパ / 全長10cm
16 カブトガニ　Tachypleus tridentatus / 危惧種 / 西日本から東シナ海の沿岸部 / 全長オス70cm、メス85cm
17 メガラダピス　Megaladapis / 18世紀絶滅 / マダガスカル / 頭骨全長30cm、背丈1.5m

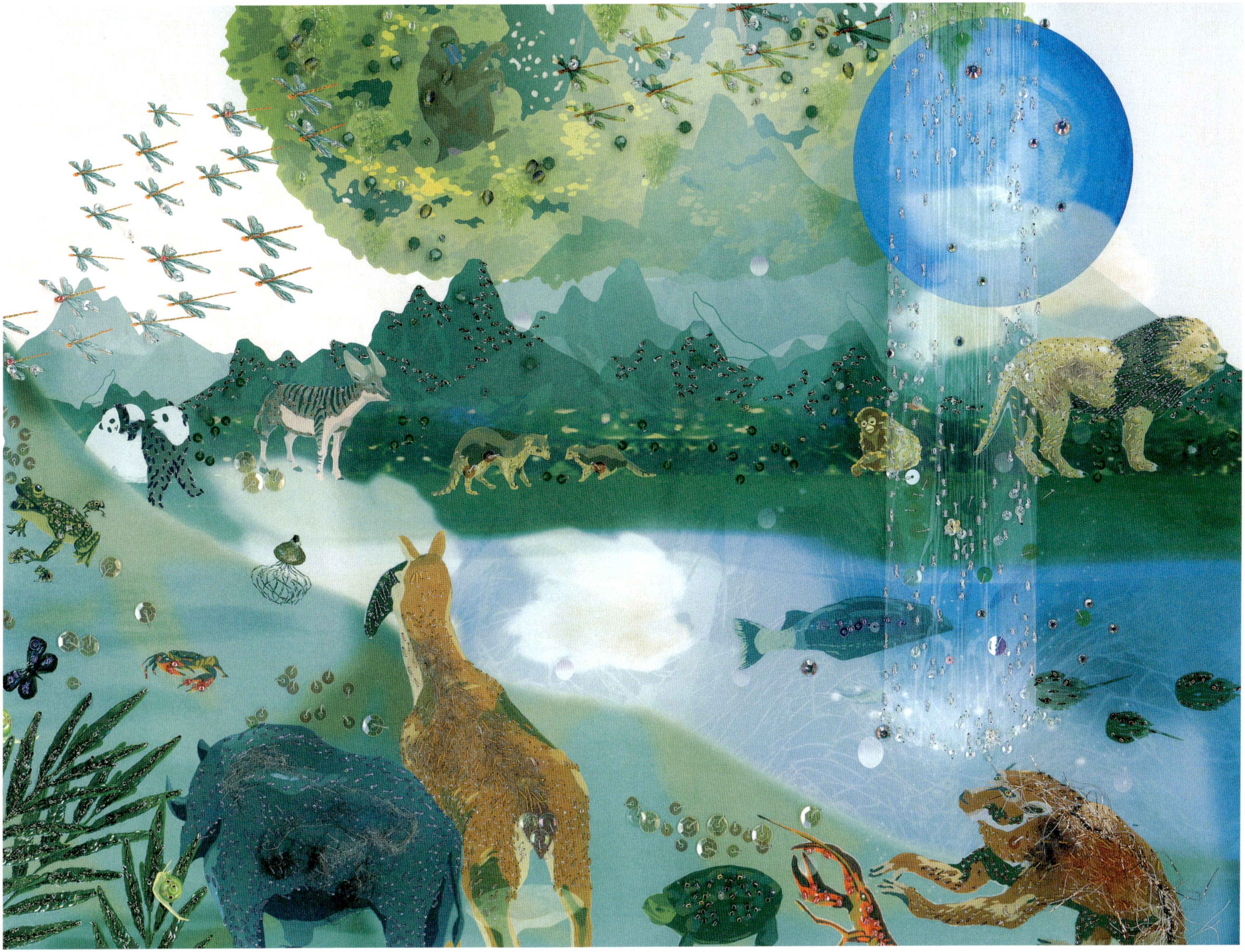

火の鳥の夢

エメラルドグリーンに輝く背中、深紅の胸、光の角度によってはターコイズブルーに見えたり、頭頂が金色に輝き、世界一美しいといわれる鳥。メキシコ南部からパナマ西部にかけて生息するケツァールは、古代マヤ、アステカ時代には神の化身として崇拝されました。たしかに、この鳥が輝く翼をひろげて飛翔する姿は、「神々しい」という言葉がぴったりです。グアテマラでは国鳥に指定され、通貨の単位にもなっているケツァールですが、森林伐採によってその数は減りつづけ、文字どおり「幻の鳥」になりつつあります。ちなみに、手塚治虫の漫画『火の鳥』は、この鳥がモデルになったといわれています。

01 ケツァール　Pharomachrus mocinno / 危惧種 / メキシコ南部からパナマ西部 / 全長35cm
02 サンショウバラ　Rosa hirtula / 危惧種 / 高さ1-5m
03 タカクマホトトギス　Tricyrtis ohsumiensis / 危惧種 / 鹿児島の大隈半島 / 草丈30-100cm
04 マルバシマザクラ　Hedyotis mexicana / 危惧種 / 小笠原諸島 / 高さ20-50cm
05 カノコユリ　Lilium speciosum / 危惧種 / 四国、九州 / 草丈50-170cm
06 キバナノツキヌキホトトギス　Tricyrtis perfoliata / 危惧種 / 宮崎県の尾鈴山 / 草丈50-70cm

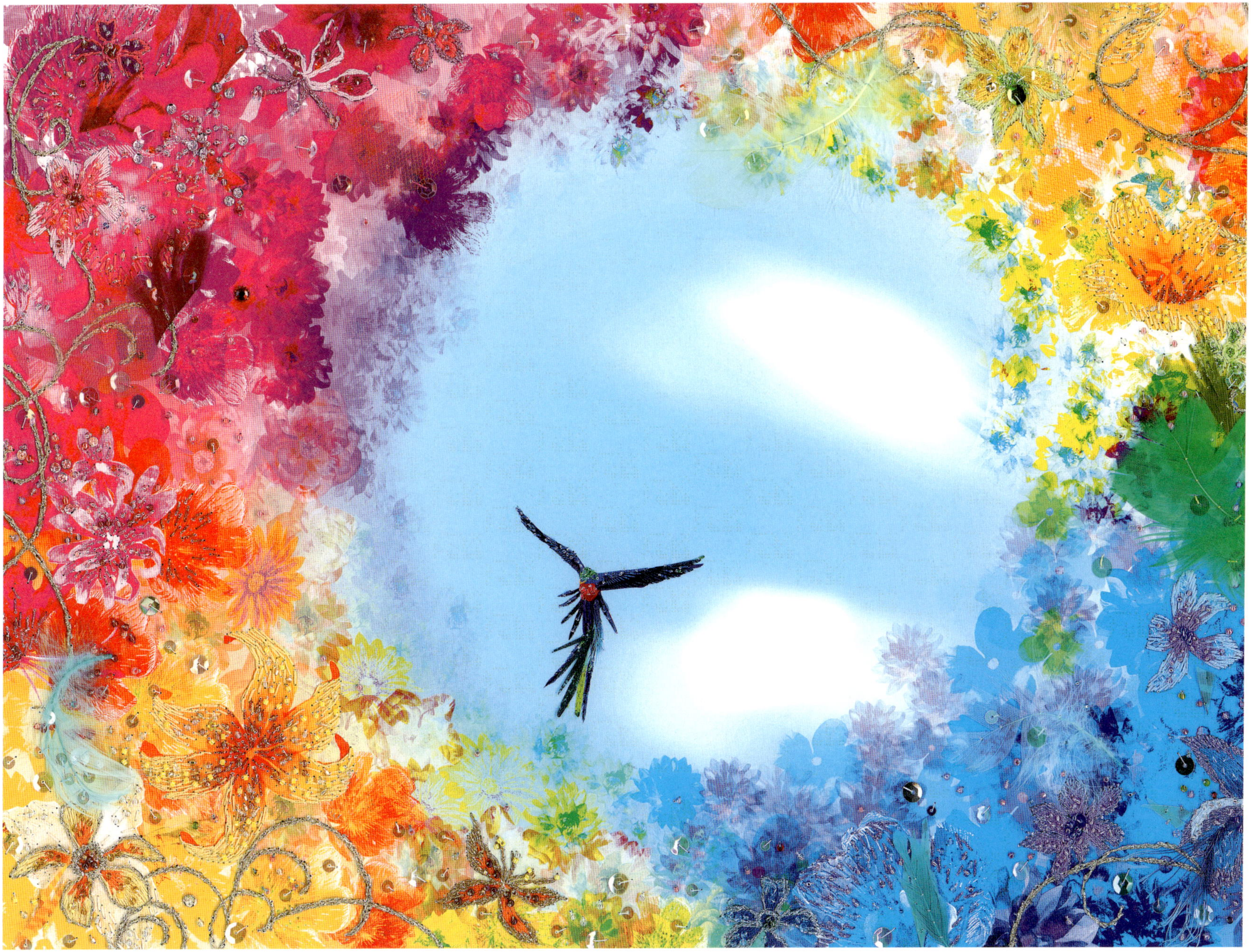

希望の樹

長い地球の歴史のなかで、いなくなってしまった数多くのいきものたち。そして、いまもこの星では、1日におよそ100種類のいきものが姿を消しているといわれています。あるいは、宇宙から見たら、地球そのものが絶滅をあやぶまれる存在なのかもしれません。
宮崎県の尾鈴山周辺だけに自生する、キバナノツキヌキホトトギスは、かつては沢沿いや岩壁にふつうに生えていましたが、心ない愛好家たちの手によって刈りとられ、現在は、ごくかぎられた場所でしか見ることができないといいます。しかし、それでも花は咲き、いのちは生まれ、希望を明日につないでいるのです。

01 シラン　Bletilla striata / 危惧種 / 日本、台湾、中国 / 草丈 30-50cm
02 キバナノツキヌキホトトギス　Tricyrtis perfoliata / 危惧種 / 宮崎県の尾鈴山 / 草丈 50-70cm

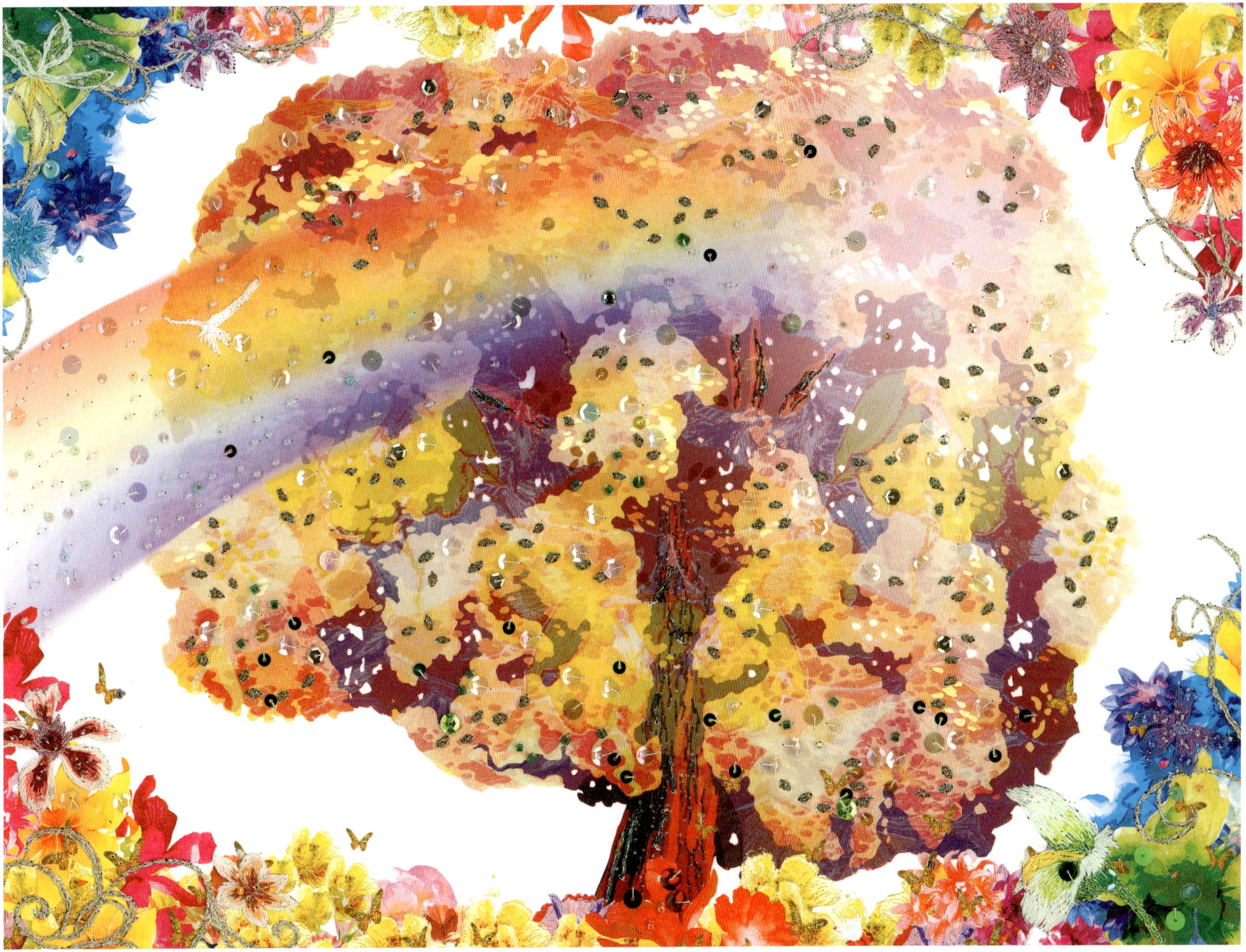

凡例
本文中のキャプションは下記の順に表記した。
00　和名　学名 / 絶滅した時期 / 分布 / 体長など

参考
『新 世界絶滅危機動物図鑑 −図書館版− 全6巻』(学習研究社)
IUCN (国際自然保護連合) の公式サイト　www.iucn.jp
WWFの公式サイト　www.wwf.or.jp

絵　清川あさみ
1979年淡路島生まれ。2001年より糸や布を使った数々のアート作品、衣装、空間、イラストレーションを発表しつづける作家として、そのオリジナルな世界観が様々な分野から注目されている。またCMなどの広告、CDジャケット等を数多く手がけるアートディレクターとしても活躍。主な著書に作品集『futo』(マドラ出版)、『美女採集』(INFAS)、『caico』(求龍堂)、『com-po-ji』(祥伝社)、『ASAMI KIYOKAWA—5 Stitch Stories』(ピエ・ブックス)、『AKB48×美女採集』(講談社)、絵本に『幸せな王子』『人魚姫』『銀河鉄道の夜』(共に小社刊) などがある。
www.asamikiyokawa.com

監修　今泉忠明
1944年東京生まれ。東京水産大学卒業。国立科学博物館でほ乳類の分類・生態を学び、上野動物園動物解説員、川崎市環境影響評価審議会委員、日本ネコ科動物研究所所長を経て、現在は日本動物科学研究所所長。ほ乳類をはじめ、さまざまな動物の研究に取り組んでいる。『動物たちが僕の先生』(講談社)、『どうぶつ (あそびのおうさまずかん)』(学習研究社)、『絶滅動物データファイル』(祥伝社)、『野生動物観察事典』『行き場を失った動物たち』(東京堂出版)、『巣の大研究』(PHP研究所) ほか、多くの著書があり、監修を手がける。

もうひとつの場所

2011年7月15日　初版第1刷発行
2021年12月4日　　　第4刷発行

著者　　　清川あさみ

監修　　　今泉忠明
文　　　　網倉俊旨

デザイン　菊地敦己　北原美菜子
作品撮影　sono (bean)

発行者　　孫 家邦
発行所　　株式会社リトルモア
　　　　　〒151-0051 東京都渋谷区千駄ヶ谷3-56-6
　　　　　TEL：03-3401-1042　FAX：03-3401-1052
　　　　　info@littlemore.co.jp
　　　　　www.littlemore.co.jp

製版　　　千布宗治
印刷所　　凸版印刷株式会社

©Asami Kiyokawa / Little More 2011
Printed in Japan
ISBN 978-4-89815-310-9 C0070

乱丁・落丁本は送料小社負担にてお取り替えいたします。
本書の無断複写・複製・引用を禁じます。